汉字真有趣

游文戏字

孙述庆 ——

著

时代出版传媒股份有限公司
安徽文艺出版社

图书在版编目（ＣＩＰ）数据

游文戏字 / 孙述庆著. -- 合肥 ： 安徽文艺出版社，
2025. 1. -- ISBN 978-7-5396-8120-7

Ⅰ．H12-49

中国国家版本馆 CIP 数据核字第 2024GM9311 号

游文戏字
YOU WEN XI ZI

出 版 人：姚 巍　　　　　　　统　　筹：周　康

责任编辑：李 芳　 王婧婧　　　封面设计：李 超

....

出版发行：安徽文艺出版社　　www.awpub.com

地　　址：合肥市翡翠路 1118 号　　邮政编码：230071

营 销 部：(0551)63533889

印　　制：永清县晔盛亚胶印有限公司　　(0316)6658662

....

开本：700×1000　1/16　印张：17.25　字数：180 千字

版次：2025 年 1 月第 1 版

印次：2025 年 1 月第 1 次印刷

定价：79.80 元

....

写在前面

　　这是一套认真严谨的书,是一套内容丰富的书,是一套颇为实用的书,是一套很有趣味的书。可以说,它集知识性、思想性、工具性、趣味性于一身,多功能是它的显著特色。

　　出版这套书的本意,是普及中国字文化。普及,是本书的宗旨和灵魂。作者从浩繁的典籍中撷取了一个个有据可查的典故,一个个精彩纷呈的人文故事,每个故事都与文字相关,而其折射的却是中国几千年风云激荡的时代脉络。

　　这套书沿着中国历史的纵向,探究汉字所生发的种种文化课题,像一面镜子,折射和观照着中华民族的大文化。这样一种探究,可大体廓清传统文化的优点与弊端,为进一步继承优秀传统文化,发扬先进文化助力。只有民族的,才是世界的,只有让中国的优秀传统文化在普及中走出去,才能让世界真正了解中国。

　　本书作者是我国一位有一定影响力的科普作家、文化学者,他为科学文化普及事业贡献了毕生的精力。按作者所言,他在写作中阅读,在阅读中发现,从而进行更新的写作。企盼读者亦在阅读中有所发现,有所收获。

润物细无声

——爷爷著书我们写序

爷爷撰写的这套关于字文化的书，我们照例成了第一读者。

中华传统文化博大精深，积淀着中华民族最深厚的精神追求，值得每一个中国人学习和传承。正如爷爷所言："能利用自己这么多年所积累的知识，为普及中华字文化尽一点微薄之力，趁精力尚可，尽快写出这套书，既满足了社会的需要，也是我的心愿。"他认为"撰写高质量的文化普及读物，不是件容易的事，要有耐心和学识，才能做到深入浅出，更要有对社会负责任的精神"。爷爷为提高这套书的质量不遗余力，把它当学问来做。他谈及治学心得，强调最多的是"会通"两个字。他认为会通精神是中华文化的一大特色，应该把思想与文化会通起来，把理论与现实会通起来，把古代与现代会通起来，让优秀的文化传统得以传承、融会而贯通。

"汉字"是这套书的关键词，"说文解字"是其内核，如何运用汉字文化写出好文章,直至对"文字游戏"得心应手,都是书中的重要内容。这套书文字通俗简约,有话则长,无话则短,熔知识性、学术性、工具性、趣味性于一炉。爷爷以下里巴人之语,成阳春白雪之作,可以不夸张地说,这套书很精彩,令我们爱不释手。读完这套书,我们自然而然地认识到"汉字"确乎是中华文化的基因,确乎是中华文化的基石。这套书吸纳了我国传统文化的大量元素,"汉字"这根贯穿始终的红线,将大量的知识片断织成一个完整体系。读了这套书,就能在快乐中得到传统文化的滋养。

这是一套用心血写成的书。爷爷动手写这套书很有些时日了,他"退"而不"休",虽已过耄耋之年,但精神矍铄,多年如一日,除生病卧床,每天坚持写作,似乎忘记了疲倦。"岁岁重阳,今又重阳,战地黄花分外香。"他做事认真,处世低调,不喜饭局,心态积极,笔耕不辍,乐在其中。他为何能乐此不疲?爷爷笑答:因为兴趣。他多年来早起晚睡,挑灯夜战,为了弄清一个典故、一个人文故事、一个历史事件、一首诗词、一副对联或者一则谜语,总是不厌其烦地多方查找资料。资料不详尽时就奔书店、跑图书馆。老人家的钻劲,实在令我们感动。

爷爷大半生从事文字工作,一生清贫,一生爱书如命,宁可省吃俭用也要买书,以"坐拥书城"为乐。因为阅读与治学的兴趣,又基于写作的需要,他藏书颇丰。他勤于偷闲读书,业余写作就是从阅读中起步的,他创作的科学普及、文化普及作品颇为丰富,我们总有幸第一时间阅读。我们从小受到爷爷的熏陶,所获学养如春雨一般,"随风潜入夜,润物细无声"。

历史上和现实中，"父文子序"的事并不鲜见，有的还成美谈。例如，《天雨流芳：中国艺术二十二讲》是一部很有品位的著作，作者是李霖灿老先生，该书的序言就是他的儿子李在忠先生所作。序中写道："虽因'父文子序'，有些许惶恐，但细想之后亦颇有'指穷于为薪，火传也，不知其尽也'之意，沛然于胸的反是一片孺慕之思，感言之怀。"透过李在忠先生的"孺慕之思"，儿子对父亲的感恩之情一览无遗。受此启发，我们不畏惶恐，也很想尝试"爷文孙序"的乐趣，薪火相传，以表达我们的"孺慕之思"，那就是孙辈对爷爷的仰慕之心、敬爱之情。

奕茗　娅雯　金昇　柏楠

2020 年 10 月

第五章　奇"联"妙"对"

引　言

顾名思义,现在要说的"游文戏字",就是以汉字为载体的"文字游戏"。

"游戏"就是玩,故有"玩游戏"一说。像老北京天桥地摊上的杂耍,无疑是民间游戏的典型。词典的解释,"游戏"是做一种使自己精神愉悦的活动,即常说的娱乐,例如儿童过家家、跳房子、老鹰抓小鸡、捉迷藏、丢手帕,还有击鼓传花、石头剪刀布、对弈着子等等。

至于文字游戏,乃游戏之高端形式,在中国古代早已有之。它是随着汉字的发生发展而发生发展的。古人赏玩文字游戏的初衷,主要是从中取乐。"玩"在古代有一个异体字"貦",它形象地把玩耍与学习的关系体现了出来。包括文字游戏在内的一切游戏,都有其共同遵守的规则,更有其创造性的发挥,可培养参与者的竞争、合作意识,增进守规矩的观念。毫无疑问,游戏是大有文化意义的。所以荷兰历史学家赫伊津哈认为:"游戏是文化的基础,文化是游戏的产物。"赫伊津哈写过一本非常著名的关于"游戏"的书——《游戏的人:对文化中游戏因素的研究》,他在书中阐明游戏推动了人类文明的进程。

然而,"文字游戏"毕竟不同于民间一般的游戏,它是特指以文字为传媒的文化娱乐，像绕口令、对口词、说笑话、猜谜语、对对子等形式，甚至某些诗词唱和，创作歌谣、寓言或歇后语、酒令之类的，都应该是古老而又常见的文字游戏活动，是传统文化的一部分。

我们知道，中华诗词文赋是我国文学宝库的璀璨基石，如多彩的明珠，浩如烟海。如果说这些是可以派上用场的宏材大料，那么还有很多被忽略的"边角料"，那就是一些游戏诗文。许多游戏性质的文字作品，都是禁得起反复咀嚼和回味的，有些文字一唱三叹，余音绕梁。有些文字随意而轻巧，让读者在游戏中，获得空灵之感，体味鲜活的文辞美、音韵美、景物美和情节美。所以说，它也是中华文化的重要部分。

"文字游戏"作品的背后，多有一个个有趣的人文故事，它们不仅在文学修辞上具有独特的功用，更重要的是它们可供人娱乐，在优雅的文字游戏中休闲，或针砭时弊、抨击苛政，或臧否人物、评论世风。这些游文戏字，多少表现出作者深厚的文学功底、渊博的历史知识，有时信口吟哦，珠圆玉润，音调铿锵，朗朗上口，即使不用生花的妙笔，也能见出中国古今义人的真性情。

第一章

何谓文字游戏

常言道："富贵天生,快乐自取。"可以说,快乐是歌,快乐是酒,快乐是消愁的灵丹妙药,快乐是健康长寿的养料。文字是承载文化的,文字游戏始终是寓教于乐的。反映在文字游戏作品里的内容,有的剖析汉字,普及文化,陶冶情趣;有的启迪智慧,增长知识;有的针砭时弊,甚至成为投向仇敌的匕首。古往今来,一则则文字游戏作品,往往演绎着一个个笑中带泪的人文故事。所以说,娱乐虽娱之耳目,终究要诉诸心灵。先人在文字游戏中创造的文化资源,已成为我国传统文化的重要组成部分,它滋养着一代又一代的新人。

第一节　文字游戏的特征

文字游戏作为一种特别的文学艺术,其灵性在于"多彩多姿"。它具备时代的内涵和形式语言的新意。纵观古籍记载和民间流传的大量文字游戏作品,归纳起来,它们具有"谐"或"隐"的特色。

南朝刘勰撰成的《文心雕龙》十卷五十篇,纵论古今文体,其序曰:"夫文心者,言为文之用心也。"可见古人对文体的重视。

刘勰的文体论和创作论一样，是那个时代的丰碑。在这部书里，就有一篇以"谐隐"为题，专门论述谐辞与隐语，说明"谐"与"隐"也算是文章的两种体裁。

文体谐辞

何谓谐辞？简要地说，谐辞就是诙谐的言辞。在许多情况下，"谐"就是说笑话。它是喜剧的雏形。《文心雕龙》曰："谐之言皆也，辞浅会俗，皆悦笑也。"刘勰具体指出谐辞有两种：一是仅供主上（帝王）"悦笑"的"空戏滑稽"之妄语，即逗乐取笑的虚妄话，亦即除戏弄之外，空无所有。另一种是在取悦逗笑的同时，托词讽谏而对时用有益的言辞。被刘勰重点肯定的当然是后一种。在《文心雕龙》原文中，他一口气举了四个事例，即淳于说甘酒、宋玉作《登徒子好色赋》、优旃讽漆城、优孟谏葬马。这"谏葬马"一例就是很有名的文字游戏故事，它谐辞俏美，不仅能取悦逗笑，刘氏说它起到了对主上"制止昏暴"的重要作用，这绝非夸张。

文体隐语

何谓隐语？隐语或称庾辞，简要释之，就是把真意隐藏在言辞之中，玩弄手法将实情加以掩饰。刘勰在《文心雕龙》里将"隐"与"谜"并列，解"隐"为"遁辞以隐意，谲譬以指事"，"谜"为"回互其辞，使昏迷也。或体目文字，或图象品物"，说的就是这个意思。他承认"谜"为魏晋以后"隐"的化身。其实，"谜"与"隐"原本是同一样东西，不过是古今名称不同罢了。如今谜语、寓言、暗语都是"隐"的新形式。刘氏在原文中还赞曰:"古之嘲隐,振危释惫。"它是说隐语具有的功能,或拯救危难,或可解除疲劳。他在书中所举的例子,足以说明这一点。其中"瞀井"的故事,引自《左传》,春秋时代的宣公十二年,楚国讨伐萧国,一位叫还无社的萧国大夫求救于楚师,就是靠申叔展用暗语指点,在枯井中躲过了劫难。这类隐语故事所描述的文字游戏,虽然逗笑的力量少了些,但"兴治济身""弼违晓惑"的作用显而易见。

经典纵论谐隐

谐辞、隐语,古人都视其为"滑稽幽默"。司马迁著《史记·滑稽列传》,专为三位"滑稽演员"立传,在生动的故事中,论述了"谐辞"与"隐语"的意义。现摘其部分段落如下:

孔子曰:"六艺于治一也。《礼》以节人,《乐》以发和,《书》以道事,《诗》以达意,《易》以神化,《春秋》以义。"太史公曰:天道恢恢,岂不大哉!谈言微中,亦可以解纷。

淳于髡者,齐之赘婿(婿)也。长不满七尺,滑稽多辩,数使诸侯,未尝屈辱。齐威王之时喜隐,好为淫乐长夜之饮,沉湎不治,委政卿大夫。百官荒乱,诸侯并侵,国且危亡,在于旦暮,左右莫敢谏。淳于髡说之以隐曰:"国中有大鸟,止王之庭,三年不蜚又不鸣,王知此鸟何也?"王曰:"此鸟不飞则已,一飞冲天;不鸣则已,一鸣惊人。"于是乃朝诸县令长七十二人,赏一人,诛一人,奋兵而出。诸侯震惊,皆还齐侵地。

......

　　优孟者,故楚之乐人也。长八尺,多辩,常以谈笑讽谏。楚庄王之时,有所爱马,衣以文绣,置之华屋之下,席以露床,啖以枣脯。马病肥死,使群臣丧之,欲以棺椁大夫礼葬之。左右争之,以为不可。王下令曰:"有敢以马谏者,罪至死。"优孟闻之,入殿门,仰天大哭。王惊而问其故。优孟曰:"马者王之所爱也,以楚国堂堂之大,何求不得,而以大夫之礼葬之,薄,请以人君礼葬之。"王曰:"何如?"对曰:"臣请以雕玉为棺,文梓为椁,楩枫豫章为题凑,发甲卒为穿圹,老弱负土,齐、赵陪位于前,韩、魏翼卫其后,庙食太牢,奉以万户之邑。诸侯闻之,皆知大王贱人而贵马也。"王曰:"寡人之过一至此乎!为之奈何?"优孟曰:"请为大王六畜葬之,以垅灶为椁,铜历为棺,赍以姜枣,荐以木兰,祭以粮稻,衣以火光,葬之于人腹肠。"于是王乃使以马属太官,无令天下久闻也。

......

　　优旃者,秦倡侏儒也。善为笑言,然合于大道。秦始皇时,置酒而天雨,陛楯者皆沾寒。优旃见而哀之,谓之曰:"汝欲休乎?"陛楯者皆曰:"幸甚。"优旃曰:"我即呼汝,汝疾应曰诺。"居有顷,殿上上寿呼万岁。优旃临槛大呼曰:"陛楯郎!"郎曰:"诺。"优旃曰:"汝虽长,何益,幸雨立。我虽短也,幸休居。"于是始皇使陛楯者得半相代。

......

　　太史公曰:淳于髡仰天大笑,齐威王横行。优孟摇头而

008

歌，负薪者以封。优旃临槛疾呼，陛楯得以半更。岂不亦伟哉！

第一段文字为作者绪论，一开头就引孔子的话，说儒家六经虽文章不同，但在治理国家方面有殊途同归的效果。《礼》从外在规范人们的言行，《乐》从内在协调人们的思想情感，《尚书》记述先王治国的大事，《诗经》表述圣贤关于治国的意志，《易》讲述天人宇宙神秘莫测之理，《春秋》中寄寓了许多微言大义。说明这些经典固然广阔宏大，但滑稽人物的诙谐言辞也偶尔一语中的。他们谈笑解纷，同样是治国的一个途径。这是作者司马迁解释为滑稽者作传的原因，闪耀着他在历史人物评价上平等思想的光辉。

《史记·滑稽列传》写了三位滑稽人物：齐国淳于髡、楚国优孟和秦国优旃。淳于髡是齐国外交使臣，本不能算作下层人士，司马迁之所以将他与地位低下的宫廷倡优人物优孟、优旃合传，主要是由于他言谈诙谐、性格滑稽而多少带有一些弄臣色彩。

"滑稽"的本义是能言善辩、说话圆转流动而无滞碍，优异的言语加上怪异的动作引人发笑。司马迁笔下的三位滑稽人物正是具有风趣幽默、机智灵活、说话圆转的特征。这种滑稽幽默与他们作为朝廷优伶、君主弄臣的特定身份有关，因为他们的基本职责，就是运用种种插科打诨的形式令人发笑，供君主取乐，可以说他们是中国早期的喜剧演员。由于这种特殊职业身份，他们可以随便以逗笑取乐的形式说出朝臣士大夫所不便说的话，君王对他们不会施加任何惩罚。

钱锺书先生在《管锥编》中说：

> 齐威王"国业危亡，且（谨按：当作'在'）于旦暮，左右莫敢谏"，楚庄王欲以棺椁大夫礼葬马，下令曰："有敢以马谏者，罪至死！"而淳于髡、优孟之流冒主威之不测，言廷臣所不敢，谲谏匡正。《国语·晋语》二优施谓里克（谨按：当作'骊姬'）曰："我优也，言无邮"；韦昭注："邮，过也"；《荀子·正论》篇："今俳优侏儒狎徒詈侮而不斗者，是岂钜知见侮之为不辱哉？然而不斗者，不恶故也。"盖人言之有罪，而优言之能无罪，所谓"无邮""不恶"者是。

钱先生这一段论述，把滑稽人物诙谐谲谏淡言微中的特点讲得非常透彻。他们从来不采用犯颜直谏的严肃形式，而是采取隐喻设譬、正言若反等种种曲折委婉的手段，嬉笑怒骂，浩歌曼舞，寓讽谏于轻松愉悦的形式之中。他们善于抓住君王的特点，采用君王喜闻乐见的艺术形式，发挥"谐辞""隐语"的效力，巧妙地说出自己要说的话。

历史上，春秋五霸中的楚庄王是喜欢谐辞、隐语的君王。司马迁《史记·滑稽列传》里的三位滑稽人物在古代的官职，叫"俳优"，其以"谐"为职业。"俳"即滑稽表演，他们都是最善于谐辞隐语的文字游戏高手。《左传》《国语》《史记》等诸多古籍都常提到"优"这个名称。优往往是诗人，是幽默滑稽演员。汉初许多词人都是"俳优"起家，东方朔、枚乘、司马相如等均为名例。《汉书·东方朔传》说:"朔虽诙谐,然时观察颜色,直言切谏,上常用之。"它是说东方朔在悦笑逗乐中,善于伺机直谏,常被皇上采纳。《楚辞》是西汉初年就有的一部重要著作,共十七卷,其中便收录了东方朔《七谏》,可见东方朔的谏言在历史上的地位与影响是被肯定的。从《史记·滑稽列传》和《汉书·东方朔传》看,喜好隐语在古时是极普遍的。

自古能玩文字游戏的人,其实远不止《史记·滑稽列传》里说的三个,历代的文人士子,也就是能识文断字的读书人,在古代通称为"士"的人差不多都会玩这一套。

第二节　朱光潜论文字游戏

美学大师朱光潜先生在学术专著《诗论》中,以"诗与谐隐"为题,具体论述了文字游戏与谐隐的关系。

文字游戏类别

朱光潜先生在《诗与谐隐》中,进一步将文字游戏分成三类。他说:

> 文字游戏不外三种,第一种是用文字开玩笑,通常叫作"谐";第二种是用文字捉迷藏,通常叫作"谜"或"隐";第三种是用文字组成意义很滑稽而声音很圆转自如的图案,通常无适当名称,就干脆叫作"文字游戏"亦无不可。这三种东西

在民间诗里固极普通，在艺术诗或文人诗里也很重要，可以当作沟通民间诗与文人诗的桥梁。刘勰在《文心雕龙》里特辟"谐隐"一类，包括带有文字游戏性的诗文，可见古人对于这类作品也颇重视。

朱先生将文字游戏分类，其实就是对"谐隐"的具体分析。

"谐"的分析

朱先生对"谐"的进一步分析，有其独到的见解。他又说：

"谐"最富于社会性。艺术方面的趣味，有许多是为某阶级特有的，"谐"则雅俗共赏，极粗鄙的人欢喜"谐"，极文雅的人也还是欢喜"谐"，虽然他们欢喜的"谐"不必尽同。在一个集会中，大家正襟危坐时，每个人都有俨然不可侵犯的样子，彼此中间有一层隔阂。但是到了谐趣发动时，这一层隔阂便涣然冰释，大家在谑浪笑傲中忘形尔我，揭开文明人的面具，回到原始时代的团结与统一。

朱先生在这里把谐的普遍性说得很生动。可见，擅长滑稽谐笑的人在任何社会都受到欢迎。难怪在极严肃的悲剧中有"小丑"的角色，在极威严的宫廷中却有"俳优"这样专职的滑稽人员。

"谐"的魅力，为许多文字游戏作品插上了飞翔的翅膀。我国自古就有笑话，像战国时代的《庄子》里，就有了笑话作品。随后还有专门的"笑书",像较早时期的魏人邯郸淳著《笑林》,宋人范正敏撰《谐噱》、邢居实著《拊掌录》、苏轼撰《艾子杂说》,明人赵南星撰《笑赞》、冯梦龙著《笑府》,较晚的还有清代人陈皋谟著《笑倒》、石成金著《笑得好》、署名游戏主人之《笑林广记》,等等,逗乐了一代又一代读者。当然,许多诗词奇葩,如打油诗、藏头诗、剥皮诗、回文诗、宝塔诗、叠字诗、广告诗,还有联句、联珠等,奇联妙对,更是花样百出。凡此种种,都充满着无限的谐趣。

"隐"的分析

关于隐语,朱光潜先生进一步分析说:

> 隐语在近代是一种文字游戏,在古代却是一件极严重的事。它的最早应用大概在预言谶语。诗歌在起源时是神与人互通款曲的媒介。人有所颂祷,用诗歌进呈给神;神有所感示,也用诗歌传达给人。不过人说的话要明白,神说的话要不明白,才能显得他神秘玄奥。所以符谶大半是隐语。这种隐语大半是由神凭附人体说出来,所凭依者大半是主祭者或女巫。古希腊的"德尔斐预言"和中国古代的巫祝的占卜,都是著例。
>
> ……
>
> 隐语由神秘的预言变为一般人的娱乐以后,就变成一种谐。它与谐的不同只在着重点,谐偏重人事的嘲笑,隐则偏重文字游戏。谐与隐有时混合在一起。

朱光潜先生学问渊博,他就古籍上的"隐"语故事,又说道:

> 诗人不直说心事而以隐语出之,大半有不肯说或不能说的苦处。骆宾王《在狱咏蝉》中说,"露重飞难进,风多响易沉",即暗射谗人使他不能鸣冤;清人咏紫牡丹说,"夺朱非正色,异种亦称王"(从文字表面上看是在说紫牡丹),其实它射爱新觉罗氏以胡人入主中原,线索都很显然。

窃以为,这"夺朱"乃隐语的核心,明朝是朱姓的天下,夺朱就意指灭了明朝。此类文字游戏事例实在不胜枚举。

谜语是最原始的一种隐语。例如:"小小一条龙,胡须硬似鬃。生前没点血,死后满身红。"谜面生动玄妙,谜底"虾"就隐藏其中。看来谜语这玩意儿,往往是谐、隐的奇妙结合,其内容若明若暗,似是而非;其形式似诗如歌,韵味十足。昔日文人们虽然喜欢玩弄这类文字游戏,却又不把它视为堂堂正正的文学。其实,有许多谜语比文人所作的咏物诗更富有诗的意味。

按朱光潜先生的分类,第三种文字游戏的着重点,既不像讥嘲人生世相的谐辞,又不像巧妙藏伏在事物现象中间的隐语,而是文字本身声音滑稽的排列组合,例如民间歌谣、相声、串话、三句半、喊四句、赶五句、联句、酒令、绕口令、顺口溜等,以及诗文仿作,或诗文戏读,或平话戏说,或正话反听,等等。巧妙的文字游戏,技巧的娴熟运用,使之声情并茂,自然产生一种美感,是毋庸讳言的。文字的声音对于文学,犹如颜色、线形对于造型艺术,同是宝贵的媒介。

第三节　文字游戏大有天地

说文字游戏有三类,当然只是朱光潜大师的一家之言。文字游戏大有其广阔的天地,随着时代的发展变迁,文字游戏表现出了诸多形式。

今日之文字游戏,脱胎并未换骨,除了猜谜、对对子、讲笑话之外,新出的名堂更多,还频频见之于报刊或网络媒体,诸如脑筋急转弯、诗文配画、画里藏字、迷宫填字、成语游戏等,还有一些修辞手法,例如用字的重叠、填字、接字、趁韵、顶真、反语、颠倒、舛互、回文等,无不妙趣横生。

文字游戏作为中华文化宝贵的一部分,千百年来大放异彩。它彰显中华民族的精神,饱含中华民族的智慧,世世代代滋养着我们。文化如水,润物无声。文化协调着人与人、人与自然、人与社会的关系。文化化人,艺术养心,重在引领,贵在自觉。所谓文化自觉,就是要自觉担当起坚守精神家园的神圣职责。自古创作或赏读文字游戏作品的人都能领略"各美其美、美人之美、美美与共"的文化氛围,从而得到心田滋润、灵魂净化、人格锻造、素质提升。有鉴于此,我们作为中华文化的传人,有责任将文字游戏去粗存精,除伪取真,承前启后,发扬光大。

第二章

戏字拾趣

汉字，由字形、字音、字义三要素组成。这"三要素"的解释，从汉代许慎的《说文解字》起就奠定了基本的规范。当然，汉字的概念也是与时俱进的，体现了中华文化、文明的发展，表现出汉字的强大生命力。

这里所说的"戏字"作何解？在很大程度上说，是人们借汉字所进行的游戏，利用"三要素"进行这样或那样的游戏活动，尽显汉字的魅力，有各种启示和教育意义。

第一节　字形奇观

汉字繁多，形体结构互不相同，许多字的笔画十分相近，有的仅一笔之差，却各有各的意义，可谓气象万千，异彩纷呈。它蕴含着古人造字的智慧。随着时代的变迁，世人以各自的生活阅历，从不同的侧面赋予汉字以新的认识。有的即使不是以娱乐为目的，客观上有逗乐的效果，也是好例。

先玩个改字游戏

为了领略汉字形体千变万化的魅力，不妨先玩一玩改字的游戏。

（1）添加一笔变成另一个字

这里有22个字,你可以给每个字添上一个笔画,使它变成另外一个字:

十 人 万 今 古 个 月 牛 头 币 亚

由 句 叶 大 找 尤 从 车 戈 不 予

（2）添加两点变成另一个字

下面另有22个字,你可以各添加两点,使之变成另外一个字:

人 中 令 力 天 义 木 天 丘 兄 口

开 尺 欠 夫 未 水 三 干 马 直 和

（3）添加字素拼成另一个字

陶宽汝老师设计过一个图,供小学生拼字,颇有意趣。在空格里各填进一个字做字素,分别与相邻的汉字组合,可以形成一个新字:

一
禾　户
九　　又
木　　　刀
女　　　　合
木　　　力
口　　人
木　止
寸

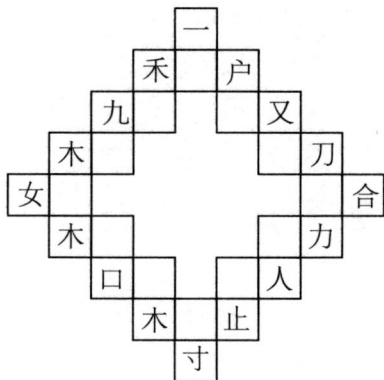

这只是一个实例，其实可以这样"拼"的汉字很多很多，读者不妨举一反三，自个儿设计拼字游戏。在改字游戏中，感受自己对汉字的熟悉程度，不要急于看下面的答案。

（1）的答案：

千大方令吉介用生买布严曲向吐太我龙丛轧戍盂矛

（2）的答案：

火冲冷办关父米关兵兑只并尽次夹来冰兰平冯真积

（3）的答案：

一
禾　火　户
九　日　口　又
木　木　　　土　刀
女　口　　　口　合
木　不　　　工　力
口　几　　　人　人
木　土　止
寸

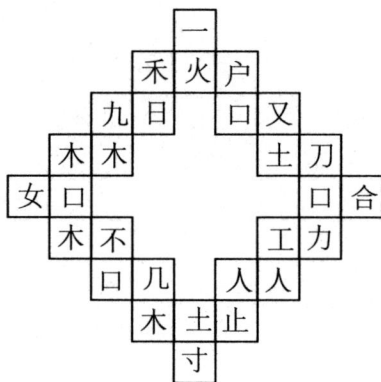

增减一笔出神奇

汉字增减一两笔,就能使之变成一个新字,一首诗词,一篇文章,一纸诉状。一笔改变了一个字,意思可能会发生令人意想不到的变化,也因此往往可以发生种种奇迹,把事情化大为小,或者化小为大,或者化有为无。历史上有的是类似的事件和案例。

(1)增一笔,化大为小的事例

清代有个江洋大盗,一次案发,被一纸诉状告到了官府。诉状中有"从大门而入"的案情叙述。这个强盗为保住性命,花重金买通了讼师。讼师受人钱财替人消灾,便将"从大门而入"的"大"字,右肩头添了一点,变成"从犬门而入"。县官看了诉状,只能以"小偷小摸"之罪论处,稍作惩戒便释放了。

(2)增一笔,化小为大的事例

清代某年某月某日,苏州阳澄湖口浮起一具尸体,地方保甲按例向上报案。呈文里有"阳澄湖口发现浮尸一具"之语,然湖口岸边的人认为,这样写不太好,担心会牵扯到谋杀人命的案子里去,招来不必要的麻烦。于是讼师帮忙,将呈文"湖口"的"口"字中间加了一竖,便成了"阳澄湖中发现浮尸一具",这样案情范围扩大了,就不是仅仅涉及湖口岸边的人家了。

(3)改一笔,化有为无的事例

从前有个恶棍,凭着自己有钱,又仗着县太爷是他的亲戚,横行乡里,老百姓都恨透了他。一次,有个农民因事一气之下,用斧头砍伤了恶棍。事有凑巧,此时新县令来接替旧县令,恶棍不再有倚靠,只得写状纸上告,告那个农民"用斧子杀人,罪大恶极"。恶棍自以为有理,县衙肯定会判那农民的罪,心想这样他又会得势了。新县令对恶棍早有耳闻,便想灭一灭他的气焰,于是提笔将"用"字中间一竖改成竖弯钩,成了"甩"字。开堂审判时,新县令把状纸扔给恶棍说:"甩斧是无意的,算不了什么罪,你又没死,说人家罪大恶极,分明夸大其词!"恶棍看到"用"字已变成"甩"字,又怕新县令再追查自己往日的劣迹,只好溜下了大堂。

名胜古迹的奇字

古人喜欢到处吟诗、题字或涂鸦,即所谓"题壁文化",其中多为娱乐或抒情。正因为有名人触景生情所书写的这些诗词和文字,才使许多山水楼台有了文化灵魂,从而成为名山、名水或名楼。

(1)琅琊山的"六弋亭"

安徽滁州的琅琊山,以欧阳修的"醉翁亭"闻名于世。就在醉翁亭后面的一块石头上,刻有陆鹤题写的"六弍亭"三个字。因为欧阳翁曾有"六一居士"的别号,陆鹤题写的"六弍亭",实为"六一亭",因为这"弍"是"弍"字少了一横,自然就是"一"字了。很明显,这是陆鹤在此玩的一个文字游戏。

(2)西湖"花港观鱼"的"魚"

杭州西湖的"花港观鱼",是著名景点之一,其碑刻"花港观鱼"四字为清朝康熙皇帝手迹,其中繁体"魚"字底下四点少了一点,游客看了无不好奇。汉字里,三点为水,四点为火。"魚"字底下的四点,本是火字,鱼遇水而生,遇火必死,因此康熙题字时有意少写了一点,以示其善心。

(3)泰山的"虫二"石刻

游过山东泰山的人都知道,山上万仙楼北面盘路的西侧有一块古老的"虫二"摩崖石刻,这"虫二"的意思曾难倒了众多游人。后经郭沫若先生考证,知道是"风月无边"的意思,以此赞美泰山的无限风光景色。

美丽的杭州西湖,景色迷人,当年乾隆皇帝为此专门题写"虫二"两个字,并刻石于湖心岛上。如今游人见到这块石碑,都会问:"这'虫二'是什么意思呀?"导游会立马揭示这字谜的正确答案:"是风月无边!"因为繁体字"風",就是"虫"字外边加个框,而"月"字则是"二"字外边加个框。这样,"虫二"是"风月无边"的意思便出来了,非常巧妙!

其实,早在明朝就已有"虫二"题书的记述。清朝褚人获的《坚瓠集》里,其"无边风月"条引《葵轩琐记》说,明代风流才子唐伯虎曾给名妓湘英的家门题写了一块"风月无边"的匾额,唐的好友祝枝山看到后,便提示湘英说:"此嘲汝辈为虫二也。"看来,"虫二"之典的源头就在这里。走遍了大地,却走不遍天;碰触到了风儿,却触摸不到月亮。所以每每见到想到"虫二"两个字,总感到大自然的美妙和高远。可见,汉字形体笔画稍有变化,其字义便随之改变,奥妙无穷!

析字妙对

昔日文人显示才学,喜欢在字形结构上做文章。做这类文字游戏,自可从中取乐。

传说清朝才子王尔烈博闻强记。年轻时他进京赶考,在路边歇息时遇到一位砍柴老汉。老汉听说他去应考,就打趣地对他说:"不妨我先考考你,怎么样?"王尔烈不以为然道:"你能考我什么呀?"老汉指着自己砍的一挑木柴,随口说出一句上联,道:"你对个下联吧!"老汉的上联曰:

此木为柴山山出

王尔烈一听,了不得,立马意识到老汉不凡,知道这是个析字联,格式要求对仗必须拆字,此联第一、第二两字相加等于第四字,而第五、第六两字相加等于第七字。他稍加思索,脱口而出:

因火成烟夕夕多

老汉听罢,竖起大拇指连声称赞:"对得好! 对得妙!"原来这老汉是一位隐居山林的隐士。

析字诗

话说从前有个恶少外出游玩,行至一木桥上,见桥下有个年轻貌美的村妇在淘米洗菜,不禁停下脚步意欲调戏。村妇见桥上人不怀好意,便转身躲避。恶少大声笑说:

有木便是桥,无木也念乔;

去木添个女,添女便为娇;

阿娇休避我,我最爱阿娇。

岂料这村妇原本也读过书,识得一些字,一听这打油诗是析字调戏她,很生气,立马回敬他,以牙还牙地大声说道:

有米便是粮,无米也念良;

去米添个女,添女便为娘;

老娘虽有子,子不敬老娘。

恶少听罢,知道她不好欺负,只好掉头溜走了。

古人心中的缺笔字

汉字的形体笔画,无论繁体还是简体,都有一定的规范写法。

然而在古代，名人题墨常刻意书写"缺笔字"，除了因"忌讳"需要之外，还有其他游戏性质的原因。

山东曲阜孔府，大门上有一副引人注目的对联：

与国咸休安富尊荣公府第

同天并老文章道德圣人家

这对联之所以引人注目，就因为有的字少了笔画，"富"字上头一点没有了。据说这对联是清朝大臣纪晓岚书写的，取"富贵无顶"之意。

海南岛有座溪北书院，它是清末的著名学堂之一。这里挂有一块"讲堂"木匾，上面的"講"字写得颇与众不同，它少写了一横一竖两画，据说寓意古今中外的知识纵横天下，无论横讲竖讲都是永远讲不完的。"溪北书院"的"書"字也少写了一横，有人认为这是隐指浩如瀚海的书籍怎么也读不尽。诸如此类的"缺笔字"，是书写者的匠心之作，为表达某些思想理念，玩起了增减笔画、变幻字形的文字游戏。

玻璃对玩字形游戏

玻璃对又叫对称对。其特点是上下或左右，字形结构基本对称，体现汉字本身的一种形态美。这样的对联用字，如用篆体书写在玻璃平板上，无论正面看、反面看，字的形体都相同。像"大""文""因""王""田""天"等字，对称性都极具特色。一副好的玻

璃对,不仅讲究字形对称,还要讲究上下联字义对仗。例如:

山中日出
水里风来

对于此联,清代梁章钜《楹联续话》中记载说:"吴山尊学士,始出意制作玻璃联子。一片光明,雅可赏玩。篆书于玻璃上,正反如一。"这是说,玻璃对是吴学士的最早创意。显见这副对联,简练精短,用词严谨,且符合玻璃对的要求,是一副极妙的绝对。下面还有一副篆书玻璃对,也是吴山尊学士的佳作:

全简玉册自上古
青山白云同素心

这副玻璃对在历史上算得上用字遣词奇巧,故脍炙人口。古今文坛玩这种字形游戏,兴趣甚浓者众。

1990年,辽宁营口市环保局等单位为扩大社会影响,曾以联合征联的形式进行自我宣传。出句写营口市的环境特点,对句写盖县(营口市辖地)的农副特产。联曰:

山水林田,至营口宜赏美景
桑蚕米果,出盖县富甲关东

此联对句在句式、词性等方面均与出句相对。从玻璃对的要求角度看,实属不易。其中"东"字用繁体"東",以便在玻璃上看着对称。若用篆书,效果更好。

相声表演白沙撒字

白沙撒字,是传统相声"撂地"作艺时期的一种表演形式,就是在露天街头或空地上表演。艺人们手里拿一袋白沙(多用汉白玉碎成沙),在地面上撒出一个或几个汉字,然后或说或唱地讲这个字像什么,再增减一些笔画像什么,有时还用这些字巧妙地缀成一副对联。这种表演,其内容或是说笑戏耍,或是醒世劝善,或是讽喻刺邪,边撒边唱,十分有趣味。

史料记载:白沙撒字是从宋代瓦舍里的"沙书地谜"发展而来。这种白沙地书,有时也画成各种画,根据表演需要,在原字画上添加笔画,使之变成另一些字画,这类似用增减笔画而构成地谜书,故称"沙书地谜"。曲艺界称相声之祖"穷不怕"朱绍文,就是白沙撒字的圣手。《都门杂咏》里有一首诗,称赞朱绍文这种撒字表演,说道:

白沙撒字作生涯,欲索钱财谑语发。

弟子更呼贫有本,师徒名色亦堪夸。

朱绍文以地当纸,以沙作墨,右手攥把白沙,边撒字边唱。例如,写个"容"字,边写边唱:

029

先写一撇不成个字,后添一捺把"人"字成,

人字头上添两点儿念个"火",大火烧身最无情。

火字头上添宝盖儿念个"灾"字儿,灾祸临头罪不轻。

灾字儿底下添个口念个"容",得容人处且把人容。

这唱词通俗,京腔京韵,曲调悠扬动听。有时在解释字义时还谈古论今,讽刺现实,很受观众欢迎。朱绍文经常表演的《字象》,就是讽刺封建官吏的作品:

甲:(写个"二"字)

乙:这像什么?

甲:像一双筷子。

乙:当过什么官?

甲:当过净盘大将军。

乙:为何丢官罢职?

甲:因为他好搂。

乙:该!我也写一个。(写了个"而"字)

甲:这像什么?

乙:像个粪叉子。

甲:粪叉子五个齿儿,你这个怎么四个齿哪?

乙:锈去了一个。

甲:当过什么官?

乙:点屎(谐音"典史")。

甲:何以丢官?

乙:因为它贪脏(谐音"贪赃")!

……

可见,白沙撒字玩的是文字游戏,它不仅需要对汉字的字形、字义有深入的研究,还要了解相关的知识掌故,以及笑料包袱,其书法功夫也非常讲究。据说清朝恭亲王奕䜣曾召朱绍文到王府花园表演。朱绍文就用白沙在地上撒了一个双钩"学"字。这"双钩"花样书法,字体工整而有神韵,恭亲王对他的书法很欣赏,因此赏了他一份钱粮。

相声"撂地"作艺时期,几乎所有相声艺人都会白沙撒字这种技艺,但随着相声表演离开街头而走进剧场茶社,这一技艺就随之淡化了。

毛泽东、周恩来都非常喜欢相声的这种表演技艺。1962年,周总理邀请相声大师侯宝林,并亲自询问新中国成立前天桥地场上表演的情况。侯宝林跑了很多地方才弄到一些碎的汉白玉,制成了细沙,还偕郭启儒、郭全宝给毛主席、周总理表演了《字象》。演出后,毛主席很是赞赏这一节目所表现的汉字艺术。

《汉字"对话"》

有一则《汉字"对话"》趣文,它选取了一些形体相近的汉字,以拟人的手法,让它们相互"对话",别有一番趣味。听听它们怎

么说:

"比"对"北"说:夫妻一场,何必闹离婚呢!

"巾"对"币"说:儿啊,你戴上博士帽,就身价百倍了!

"臣"对"巨"说:和你一样的面积,我却有三室两厅。

"晶"对"品"说:你家难道没装修?

"茜"对"晒"说:出太阳了,咋不戴顶草帽?

"吕"对"昌"说:和你相比,我是家徒四壁。

"办"对"为"说:平衡才是硬道理。

"兵"对"丘"说:看看战争有多残酷,两条腿都炸飞了!

"占"对"点"说:买小轿车了?

"日"对"曰"说:该减肥了。

"土"对"丑"说:别以为披肩发就好看,其实骨子里还是
老土。

"人"对"从"说:你怎么还没去做分离手术?

"寸"对"过"说:老爷子,买躺椅了?

"由"对"甲"说:这样练一指禅挺累吧?

"叉"对"又"说:什么时候整的容啊?脸上那颗痣呢?

"木"对"术"说:你头脑里装了一点东西,就有本领了。

......

"对话"都很简约,但意味深长,巧妙地表达出这些字的形体
特征,从"形似"到"神似",惟妙惟肖。

《撇和捺的约定》之启示

孙宪彬先生曾以童话的手法撰一美文,题曰《撇和捺的约定》,戏说汉字笔画的灵性。撇和捺是众多笔画中的两画,作者仅以此两画说明了笔画正确组合字形的重要意义。品读这篇小品,对我们学习汉字有莫大的启示:

一个偶然的机会,撇遇见了捺,它俩一见钟情,走到一起,相互依靠,便成了人。打那以后,不管男人、女人,白人、黑人,好人、坏人,中国人还是外国人,统统称为人,而且简单得只有一撇一捺。撇和捺形影不离,恩恩爱爱,相依为命,与世无争。虽然日子过得很清贫,但无论走到哪里都把它们当人看。然而,好景不长,或许是它们过得太清贫,或是受外界的影响,它俩便开始跟风,试探着索取和接受本不属于它们的东西。

有人送上一横,它们收下,被别人见了骂它们不是人;有人送去两横,照收不误,别人知道了还是骂它们不是人。一次,撇和捺入室偷吃了一口,便招来牢狱之灾。还有一次,撇和捺各贪了一点,这下更不得了了,别人不但指着鼻子骂它们不是人,还躲得远远的,生怕引火烧身。撇和捺困惑不解,闭门思过,恍然大悟——看来做人有做人的规矩,多一点不是人,少一道也不是人。于是便双双约定:生生世世不分离,时时处处莫贪心。甘当绿叶陪红花,愿做偏旁献爱心。别管外面的世界多精彩,要懂得做人的道理,坚持做人的信条!

　　此文将汉字笔画拟人化了,一语双关,看似说的是以笔画组字,却又道出了做人的大道理。例如,"人"字加上一横,可组成"大"字,自然就"不是人"了;当收下了两横,便变成了"夫"字,也自然"不是人";又说"入室偷吃了一口",这会变成"囚"字,"囚"当然有牢狱之意;还说"撇和捺各贪了一点",意即"人"字两边各加一点,这就组成了"火"字,怪不得说怕"引火烧身"。有趣的是它们由此"大悟":甘当绿叶陪红花,愿做偏旁献爱心。"人"就是一个很重要的偏旁啊!

字谜的一种章法

　　字谜很有趣,其佳作意味深长,甚至令人叹为观止。字谜制法,除了"会意"之外,大多在字形上做文章。下面列举三例字谜,供诸君赏析:

　　　例1　一间房子没南墙,

　　　　　两个人儿里面藏

　　　　　一人骑在一人肩,

　　　　　伸着头儿朝外望。

　　　例2　一家有人共四口,

　　　　　精心喂养一条狗,

走开两口就会哭，

只好都来把狗守。

例3　两楼两底平顶房，

朝东朝西都是窗，

四口分居各一间，

家家户户都姓王。

这三则字谜，谜面都像诗一样，韵味也浓，读来朗朗上口。它们描述的内容是谜底的字形，形象生动，惟妙惟肖。你先别看下面的答案，仔细品味、琢磨，肯定能猜出谜底来。

例1谜底:肉;例2谜底:器;例3谜底:噩。

巧妙利用字形的海报设计

知名书籍设计师、画家吕敬人说:"我们以前强调文字的表达，即内容的传递，而忽略了文字的表现。"《当代设计家的汉字艺术》一书中的汉字艺术，正是注重了多元的表现手法。例如有一幅宣传画《海峡两岸是一家》的设计，海蓝色的画面中有众多不同形态的"家"字，美不胜收。其中一个露白的草书"家"字格外突出，视其流畅向下的笔画，读者立马会联想到东南沿海的美丽海岸线，右下角所绘祖国的宝岛台

《海峡两岸是一家》海报

湾五彩地形图,是由草书"家"字最后两笔变幻而成的。这样的设计,格外引人注目,其图形与汉字巧妙结合,使读者自然领会"海峡两岸是一家"的美好意境。

《去毒得寿》是反毒品的海报。汉字的奥妙往往潜藏在它的形体之中,而人们通常不易察觉,"寿"字即为一例。繁体寿字的外表若是悄悄地被"毒"字所覆盖,或利用,不细心研究是很难发觉的。以此来隐喻,去"毒"可以得"寿",自然能达到禁毒的宣传效力。

内涵吉祥的合体字

不知什么时候,什么人创造了合体字。也许是受昔日王安石"双喜临门"时创造"囍"字的启发,有人创造了这类多义的合体字。据考证,先秦时代,君主为了传达命令或征调军队,所用文件都会有几个篆符合在一起,再剖成两半,双方各执一份,合之以验真假。这恐怕该是合体字使用的源头。到了汉代,道士们使用的所谓符篆,被称为"复文"。宋代,合体字在民间广为运用,已从道士画符演变为民众表达避凶求吉愿望的一种形式。例如,旧时商店柜台墙壁上,就张贴有用大红纸写的"招财进宝""日进斗金""黄金万两""日日有财见"等含义的合体字。民宅里也有"孔孟好学"(或"学好孔孟")、"鸾凤和鸣"等表示教化、祈福的合体字。

随着企业文化的发展,商号用合体字造型做商标,更有了新的创意。例如福建安溪名茶"铁观音"的商标"信记"就是一例,据说这个合体字,是当年乾隆皇帝所赏赐。

据一位留学生介绍,他勤工俭学时曾在一个酒家洗盘子,看见员工休息室的墙上挂了个镜框,里面镶着一幅合体字造型图案,乍看呈一枚铜钱状,外圆内方,细看则隐含四个汉字"吾唯知足",做得很讲究,四个字共一个偏旁"口",所处位置不同,正好使"口"居中,可兼顾方方面面。奇妙的构思,产生了不平凡的意义:从酒家角度想,开酒店无非为了赚钱,就是说全凭顾客之"口"生财,口愈多愈旺,字字都有口,言其"众"也。从员工角度看,老板当然希望大家异口同心,能"知足"就好。

显而易见,合体字的特色都是在字形结构上做文章,共用偏旁部首等字素,颇有一些奇巧。对这类合体字,人们所图的正是它的含义。它固然有违语言文字的规范,但也有它的道理和情趣。虽不能广为流通,但在一定范围内很受人喜欢。其实,这些"字"在昔日的百姓家常能见到,图个吉祥是普遍的社会风俗,早为大众所认同。

招财进宝　　　双喜

日进斗金　　黄金万两　　日日有财见

孔孟好学　　　王氏"信记"商标　　鸾凤和鸣

吾唯知足

第二节　字音奇闻

　　汉字的发音,是大有学问的。首先,同一字体可以有不同的读音,当然其义也随音而不同。其次,同一个字,古今的读音有时也有变化。再次,最突出的表现,就是随地域而异的方言,可谓"南腔北调"。还有一个"谐音"问题,听起来是同一个音,然字形、字义则大不同。

　　古往今来,人们利用字音的蕴含,创造了很多游戏作品,耐人寻味。

李时珍以药骂污吏

明代名医李时珍,早年曾任四川蓬溪县令,深谙官场黑暗,不甘与之为伍。为承父志编修《本草纲目》,决意辞官回乡行医。离职时,接任的县令设宴饯行。新县令因体感不适,便在席间向李时珍问医求药。李时珍早知此人是贪财好色之徒,佯装应允,立马提笔开了一纸处方:

柏子仁三钱　　木瓜二钱

官桂二钱　　　柴胡三钱

益智仁二钱　　附子三钱

八角二钱　　　人参一钱

台乌三钱　　　上党三钱

山药二钱

第二天,新县令命师爷代他抓药,师爷细读处方后暗笑,回县令曰:"大人被他给骂了呀。"

原来,处方中每味药第一个字连起来一读,谐音竟然是:"柏木棺材一副,八人抬上山!"县令听后,气得目瞪口呆。

苏轼戏诗骂贪官

相传宋代大诗人苏轼在杭州做官时,应邀参加当地知府杨贵的生日宴,当地县令王笔也是座上客。嘉宾高朋满座,酒过三巡,有人提议说，今天在座的高朋都是名人雅士，何不即兴赋诗，以助酒兴！县令王笔抢先以"朋"字为题吟诗一首：

一个朋字两个月，一样颜色霜和雪；
不知哪个月下霜，不知哪个月下雪。

知府杨贵叫好道，我也来献上一首：

一个吕字两个口，一样颜色茶和酒；
不知哪张口喝茶，不知哪张口喝酒。

他的诗一出，当然不乏赞赏之声了。这时，有人请苏轼也吟一首。苏轼早知杨贵、王笔都是贪官，于是借题发挥，大声吟道：

一个二字两个一，一样形态龟和鳖，
不知哪个是龟，不知哪个是鳖。

苏东坡的诗，引得众嘉宾一片叫好声。县令王笔鼓掌叫好之后，突然有所醒悟：不对呀，"龟"与"贵"谐音，"鳖"与"笔"谐音，这明显是在骂知府杨贵与我哩。于是他便怒气冲冲地指责苏东坡不怀好意。

苏东坡不慌不忙地回答："这龟和鳖乃象征长寿之物，我是为祝寿而作的，怎么能说是骂人呢?"县令王笔被这番话一说，便哑口无言了。

歇后语"老婆子涂脸"

宋代邢居实撰、陶宗仪辑的《拊掌录》一书,载有一则关于歇后语的笑话故事:

> 王蒙待客必以茶,人语今日有水厄。东坡曾窘客,语茶主人曰:"所谓老婆子涂面。"
>
> 主人不晓——搽了又搽。

说王蒙这个人招待来客,总是不断地劝客人喝茶。世人都说,到王家做客必定遭水灾。苏东坡就深感在王家做客太受苦了,就含蓄地对主人说:"这真是老婆子涂脸!"但主人并不明白苏东坡说的意思,就是"搽(茶)了又搽(茶)"。

这个笑话中的王蒙,之所以反复地劝客人多喝茶,反映喜欢以茶水待客。苏东坡为何要对茶主人说这样谐音双关的歇后语?因为他实在不想再喝茶了,又不便直说。歇后语的特征是前后两个半句,前半句是比喻,后半句才是要说的正文主旨。"老婆子涂脸"是前半句,是说老太婆上了年岁脸上难免皱纹多了,梳妆时想修饰就要反复搽护肤品,从而引出后半句——"搽(茶)了又搽(茶)"。苏东坡运用"搽"与"茶"同音双关的手法,企图化解不想多喝茶的尴尬,这种暗示能给人以幽默感。

坐以待"币"的含蓄

凌大先生撰文说,著名作家冰心先生晚年深居简出,但笔耕不辍。一次,她当年一起留学美国的老同学登门造访,宾主聚会甚欢。客人问他最近有何大作,冰心不无风趣地回答:

谈不上什么大作,只是写些回忆性的文章,或者有感而发的短文,主要是在家里坐以待"币"哟!

"坐以待毙?"客人一听颇为惊讶。冰心急忙笑着解释道:

我说的坐以待"币",是等待人民币的"币"。我坐在家里写稿,等人家寄稿费来。稿费不就是人民币嘛!

原来如此!客人望着精神矍铄的冰心老友,哈哈大笑。既然有稿费寄来,表明冰心老人还在不停地写作。可见冰心晚年很快乐,生活很有情趣,语言十分含蓄、诙谐而幽默,不愧为文字大家。

可看难念的奇文

我国著名语言学家赵元任教授,是现代语言学的奠基人之一。他早在 1957 年 8 月的《光明日报》上,写了一篇同音短文《施氏食狮史》,看其内容很有意思,读起来就更有别样的味道。文曰:

石室诗士施氏，嗜狮，誓食十狮。氏时时适市视狮。十时，适十狮适市。是时，适施氏适市。氏视是十狮，恃矢势，使是十狮逝世。氏拾是十狮尸，适石室。石室湿，氏使侍拭石室。石室拭，氏始试食十狮尸。食时，始识十狮尸，实十石狮尸。试释是事。

这篇奇文的大意是这样：石头屋里住着一位姓施的诗人，他特别喜欢吃狮子肉，发誓要吃掉十只狮子。他经常到市场上去看有没有卖狮子的。有一天上午十点钟的时候，有十只狮子来到市场上。恰好姓施的诗人遇上了。他看准了这十只狮子，持箭射杀，狮子都死了，施氏收拾了狮子回到了他住的石头屋。石屋很潮湿，施诗人让仆人擦干了石屋，开始试着吃这十只狮子。待要吃的时候，才发现这十只狮子实际是石狮子。请试着解释这件事。

据考证，这是赵元任先生按汉语汉字四声特意编撰的趣味教材，供学生训练语音，文中每个字的音韵相同，而声调各异，所以读起来像绕口令似的，很难读得精准，因此颇有游戏的意味。

这个故事是真是假，很难说。但文人编撰这个故事，借用字形、字音和字义的奥妙，玩一玩文字游戏，倒真的有些意味。这篇《施氏食狮史》的短文发表后，当年供职于英国伦敦大学天文台的华人天文学家江涛，读后深觉有趣味，便仿效赵教授的手法，也用同音字的一篇题为《易姨医胰》的短文,得到赵元任的赞许,并予以修订,使之更合情理,更有游戏的味道。

第三节　字义奇想

汉字的含义,精深莫测。关于字义方面的游乐或戏说,古今是很多很多的。

"钱"的字义别解

众所周知,"钱"是货币。有了钱,市场上的交易流通就方便了。是钱这种媒介结束了"物物交换"的蛮荒时代。可见,"钱"字的本义是再清楚不过了。但是,唐朝武则天殿前的兵部尚书、集贤院学士、左丞相张说,曾创作了《钱本草》这样一篇短文,将"钱"的字义破天荒地做出一种新解:

　　钱,味甘,大热,有毒。偏能驻颜采泽流润,善疗饥寒,解困厄之患,立验。能立邦国、污贤达,畏清廉。贪婪者服之,以均平为良;如不均平,则冷热相激,令人霍乱。其药,采无时,采之非礼则伤神。此既流行,能役神灵、通鬼气。如积而不散,则有水火盗贼之灾生;如散而不积,则有饥寒困厄之患至。一积一散谓之道,不以为珍谓之德,取与合宜谓之义,使无非分谓之礼,博施济众谓之仁,出不失期谓之信,入不妨已谓之智。以此七术精炼,方可久而服之,令人长寿。若服之

非理,则弱智伤神,切须忌之。

这篇《钱本草》短短 189 个汉字,却很形象透彻地说了"钱"字的别义,评说钱在社会肌体中的种种运作状态和功能效应。以钱喻药,别开新面,言之在理。它从钱药的性质说到钱药的采摘、服用和存放,分析其利害得失,褒贬有度,精妙切体。美哉斯言! 谈药说病,道出了此"药"与人的利害关系。

张说才华横溢,历仕四朝,三次为相,但有一个毛病就是贪财。开元十四年(726),张说遭弹劾入狱,唐玄宗派人探望,怜其有功予以赦免。张说悔罪,痛改前非,写下这篇奇文《钱本草》,振聋发聩,警示后人。张公,解"钱"字有"药"义,在今人看来诚然是一种文字游戏,但其思维实乃相当高明,启人心智。在当今市场经济的环境中,细细品味此文,确乎是反腐戒贪的一剂良药,对于我们树立正确的金钱观大有好处,贪者、廉者、贫者、富者,当各自从中吸取教益:

其一,钱的本性何在? 钱能救人,也能害人。"味甘,大热,有毒",寥寥数字,就给钱这味药定了性。

其二,钱怕谁? 唯独"畏清廉"。

其三,如何对待钱? 应该明白,花钱如下药,不对症就会乱其效,"冷热相激,令人霍乱",甚至发生水火盗贼之灾。欲不为钱迷,不被钱害,关键在于恪守"道德义礼仁信智"。只有掌握这"七术",钱这味药才会保持良性而不示虐,"久而服之,令人长寿",有益健康。反之,则会"弱志伤神"。其实,钱,原本无罪,也无药性。

钱,如果成毒药,病根在人的内心。

郁达夫谜式"寻人启事"

20世纪30年代左翼作家郁达夫,在上海与鲁迅等志士并肩战斗,生死与共,密切往来。1932年,上海"一·二八"事变后,日本侵略军对闸北进行狂轰滥炸。郁达夫与鲁迅联系不上,对鲁迅先生的安全极为忧心,便在《申报》的《脱险与失踪》专栏,登出一则"寻人启事":

周君至戚冯式文

鲁迅看到这则启事,立即知道这是郁达夫在寻找他,在关心他,甚为感激。

"周君至戚冯式文"这几个字,读起来颇像是"周君的至亲冯式文",不明内情者以为只是一个署名而已。如果句读:"周君:至戚!冯式!文",这俨然是一份言简意深的电报文稿。"周君"是对鲁迅的称呼,因他姓周。"戚"在此处是忧愁之意;"至戚"即深为不安和关切。"冯"是"凭"的通假字,即凭借、依靠之意;而"式"通"轼",即古代车厢前面用作扶手的横木;"冯式"即古人立在车厢中,俯凭车前横木,有向前致敬之意。《左传·僖公二十八年》中,就有"请与君之士戏,君冯轼而观之"的语句。郁达夫说的"冯式"就是致敬的意思。"文"是郁达夫的原名。全文翻译成白话便是:"鲁迅先生:非常担忧您的安全和处境!向您慰问和致敬！郁文。"短短七字,饱含了深切的情意。

有趣的是,郁达夫在文中特别用了一个"冯"字,是其智慧的表现,一字双关,既是姓氏,又是要用它表达所要表达的意思,妙手造了一个"冯式文"的假姓名,以掩人耳目,使"知者自知,不知者不知"。当然,博学多识的鲁迅一看便知道了。可见,汉字的字义,奇妙无穷,就看你如何钻研又如何运用!

第三章
成语游戏

成语是长期以来形成的简明精辟的固定词组或短句,由来已久地沿袭下来。我国历史上惯用的成语大多数源于古代名家名作,由古代寓言、神话传说、历史典故浓缩而成,多由四字组成,符合汉民族"以偶为佳""以四字为正"的审美原则,它典型地反映了中国传统文化的精华,寥寥数字却能说明一件事实,一个道理,或比喻一种形象,收到言简意赅、生动有力的效果。当今,成语不仅为国人广泛喜爱,而且也为外国朋友所青睐。

吟咏诗词歌赋或写文章,恰当引用成语,能增强语言的感染力和说服力。然而当今商家大量地改动成语,借用成语的社会影响力做商贸广告,"咳不容缓(刻不容缓)"作为止咳药的广告词;"骑乐无穷(其乐无穷)"作为摩托车的广告词;"饮以为荣(引以为荣)"作为饮料的广告;"茶言观舍(察言观色)"作为茶楼广告词……诸如此类,损害了祖国语言文字的纯洁与健康,知者看了一笑了之,而不知者会以讹传讹,特别会将单纯幼稚的中小学生引向学习的误区。

成语绝不是不可嬉戏,我们在反对损害"成语"的同时,热忱赞同准确地学好成语,可在娱乐中利用成语的内涵做有意义的文字游戏。自古文坛、学界和民间,存在许多精彩的成语游戏,传承着美好的中华文化,我们应该发扬光大。

第一节 成语填空

"成语填空",是在方格中填上适当的汉字,使其成为一句完整成语的游戏。这种填空游戏,可检验游戏者掌握成语的水平,激发学习成语的兴趣。你不妨填填看。

空格填字变成语

在已有汉字后面空格里继续填字,使之变为一句成语。下面以数字、动物类成语为例说明这种游戏的玩法:

一□□□　　二□□□　　三□□□

四□□□　　五□□□　　六□□□

七□□□　　八□□□　　九□□□

十□□□　　百□□□　　千□□□

万□□□　　十万□□

这些空格里应填的成语,依次可填的很多,诸如:

一言为定、二八佳人、三长两短、四平八稳、五世其昌,六神无主、七窍生烟、八面威风、九牛一毛、十全十美。

这只是一例，当然也可以填其他以数字打头的成语。再以动物成语举例如下：

牛□□□　　马□□□　　鸡□□□

狗□□□　　狼□□□　　虎□□□

□牛□□　　□马□□　　□虎□□

□龙□□　　□鱼□□　　兔□□□

□蛾□□　　□蚊□□　　□蝉□□

□□□鸟　　□□□鱼　　□□□蛙

□□□马　　□□□羊　　□□□蛇

鸡□狗□　　蛛□马□　　虎□蛇□

虾□蟹□　　莺□燕□　　鹤□鸡□

□鸡□猴　　□猫□虎　　□驴□马

□龙□虎　　□狼□虎　　虎□熊□

上面能填的动物成语，依次可为：

牛鬼蛇神　　马首是瞻　　鸡毛蒜皮

狗仗人势　　狼子野心　　虎头蛇尾

对牛弹琴　　五马分尸　　如虎添翼

来龙去脉　　如鱼得水　　狡兔三窟

飞蛾扑火　　聚蚊成雷　　金蝉脱壳

惊弓之鸟　　为渊驱鱼　　井底之蛙

害群之马　　顺手牵羊　　虚与委蛇

鸡鸣狗盗　　蛛丝马迹　　虎头蛇尾

虾兵蟹将　　莺歌燕舞　　鹤立鸡群

杀鸡儆猴　　照猫画虎　　非驴非马

生龙活虎　　如狼似虎　　虎背熊腰

方格填字变成语

下面有三种形式的方格。第一种,在方格里填上适当的字,使每一横行组成一句成语:

一		二
三		四
五		六
七		八

大		小
左		右
前		后
里		外

花		
	花	
		花
		花

第一种方格

第二种,是以十字格中心的字为第一字或最后一字,填字后应使横行、竖行都为成语。

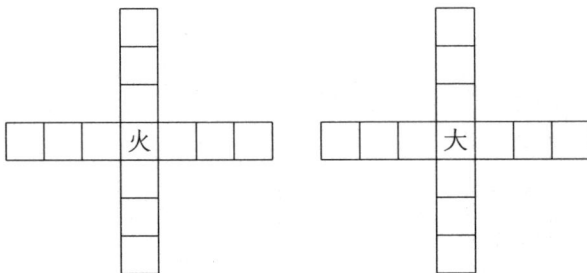

第二种方格

第三种,在方格中填上适当的字,横竖连接,使之成为 10 句不同意义的成语。

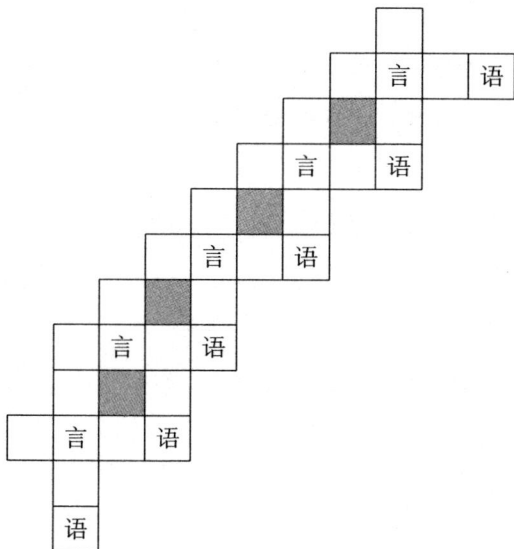

第三种方格

这三种方格里的成语,你都能填出来吗?

第一种方格里的成语,依次可填:

独一无二、说三道四、吆五喝六、横七竖八;

大同小异、左顾右盼、前赴后继、里应外合;

花言巧语、心花怒放、鸟语花香、走马观花。

第二种方格中心字为"火"的成语,依图可填:

因风吹火　　隔岸观火　　急如星火

吞刀吐火　　救民水火　　以火救火

心急如火　　电光石火　　火树银花

火耕水耨　　火上浇油　　火烧眉毛

火伞高张　　火眼金睛　　火冒三丈

方格中心字为"大"的成语，依图可填：

光明正大　　夜郎自大　　自高自大

大吃一惊　　大材小用　　大义灭亲

第三种方格里的 10 个成语，依图可填：

片言只语　　三言两语　　千言万语　　自言自语

花言巧语　　甜言蜜语　　豪言壮语　　胡言乱语

冷言冷语　　流言蜚语　　闲言碎语　　少言寡语

填出成语显回文

将下面圆轮中的 21 个汉字分别填入圆轮的空格中，使之成为首尾相接的 7 个成语，并构成回文形式。

一

一、人 不
大、人 辈
其、意、光、快、
惊、气、扬、风、
鸣、发、心、口、
才、如、出

回文答案：

一鸣惊人 → 人才辈出 → 出其不意 → 意气风发 → 发扬光大 → 大快人心 → 心口如一。

填词语成全对仗的下联

有不少成语是由上下两联组成，上下句字数相等，有对仗的形式，像一副对联。请你试着对出它们的下联，填入方框中。

(1) 挂羊头，□□□　　(2) 听其言，□□□

(3) 丁是丁，□□□　　(4) 求大同，□□□

(5) 雷声大，□□□　　(6) 言必行，□□□

(7) 吃一堑，□□□　　(8) 亲者痛，□□□

(9) 前怕狼，□□□　　(10) 既来之，□□□

(11)顺我者昌,□□□□　(12)近朱者赤,□□□□

(13)道高一尺,□□□□　(14)百尺竿头,□□□□

(15)只可意会,□□□□　(16)金玉其外,□□□□

答案:在方框内的下联,依次应填:

(1)卖狗肉　　(2)观其行　　(3)卯是卯

(4)存小异　　(5)雨点小　　(6)行必果

(7)长一智　　(8)仇者快　　(9)后怕虎

(10)则安之　　(11)逆我者亡　(12)近墨者黑

(13)魔高一丈　(14)更进一步　(15)不可言传

(16)败絮其中

第二节　成语答解

成语是汉语的精华,内涵极为丰富,与成语相关可供研习的问题很多。以此为游戏,可增进对成语的学习兴趣与应用效果。

填进与成语相关的人物

成语中有许多与历史人物相关联。你先别看答案,能否在括号内填上与该成语相关的历史人物。试着一填:

(1)四面楚歌(　)　　(2)一鼓作气(　)

（3）鞠躬尽瘁（　）　　　（4）揭竿而起（　）

（5）指鹿为马（　）　　　（6）讳疾忌医（　）

（7）政通人和（　）　　　（8）望梅止渴（　）

（9）纸上谈兵（　）　　　（10）程门立雪（　）

（11）七步之才（　）　　　（12）三顾茅庐（　）

上述成语与之相关的历史人物，依次应填：

（1）项羽　　（2）曹刿　　（3）诸葛亮　　（4）陈胜

（5）赵高　　（6）蔡桓公　（7）滕子京　　（8）曹操

（9）赵括　　（10）程颐　　（11）曹植　　（12）刘备

修辞成语再举例

成语王国浩瀚无边，其中有许多成语与"修辞"有机融合，选用适当，自会生动有趣。

（1）比喻

利用"比喻"修辞构成的成语，例如：貌若天仙、胆小如鼠、挥汗如雨等。

（2）夸张

"夸张"修辞，通常有两种情况。一是成语本身有夸张的成分，例如：惊天动地、多如牛毛等。

另一种是通过一、九、十、百、千、万等数字的使用，达到夸张的目的。例如一泻千里、九牛二虎之力、十万火急、百孔千疮、千变万化、万事大吉等。

（3）对比

将两种事物或情况并列在一起，有衬托、对比的作用。例如：九牛一毛、差之毫厘，谬以千里等。

（4）对偶

通常有两种"对偶"修辞的成语。一是四字成语内存在对偶关系，例如：口是心非、救死扶伤等。

另一种是由对偶句衍生出的成语，例如：只许州官放火，不许百姓点灯；嫁鸡随鸡，嫁狗随狗等。

（5）反复

"反复"修辞的成语，表现出递进的关系。例如：成千累万；一波未平，一波又起等。

（6）反问

以"反问"的形式说明问题，例如：不入虎穴；焉得虎子、是可忍，孰不可忍。

（7）叠音

通过"叠音"词表达某一状态，生动传神。例如：洋洋洒洒；沸沸扬扬、炯炯有神、亭亭玉立等。

一封成语"缩脚"信

1934 年，一部 14 册的中文版《格林童话集》，由赵景深先生翻译并经北新书局出版了。书局有一位青年叫高培基，勤奋好学，深得先生赏识。一次，赵先生去书局时见高培基正捧着一本

《成语词典》在研读。高培基向赵先生请教了一些问题,赵先生热情地一一指点。第三天,小高收到赵先生一封来信,信中这样写道:

劳苦功　一马当　自力更　:
　　磬竹难　迫不得　水落石　良莠不　,模棱两　通力合
　　见多识　奔走相　捷足先　恩将仇　。积少成　新陈
代　!
不耻下　洁身自　。

　　　　　　　　　　　大煞风　一往情
　　　　举一反　披星戴　横七竖　重见天

　　小高拆开信,乍一看不知所以然,再一看,发现这信很有趣,是赵先生用成语与他做游戏,将每条成语的尾脚一字隐去,再将这些缩脚的字连缀起来,即成信的全文:

高先生:
　　书已出齐,可作广告登报。多谢!
问好。

　　　　　　　　　　　　　　　　景深
　　　　　　　　　　　　　　　　三月八日

　　赵先生是一位才学渊博的学者,他见小高在认真钻研成语,

故写了这样一封"怪"信,作为文字游戏,以激发小高学习成语的兴趣。

第三节　成语接力

顾名思义,成语接力就像运动场上接力赛跑一样,只不过那"接力棒"换成了"成语"。成语接力,在酒令中早已有之,在相声表演中亦有之。玩成语接力的游戏,可以检验参与者掌握成语的多少以及熟练程度,并从中学到更多的成语,是有趣又有益的文字游戏,值得推而广之。

接力游戏举例

成语接力就像"击鼓传花"的游戏一样,参加者人数不限,只需一个接一个地说出成语。基本规则是:下一个成语的首字,必须与上一个成语的尾字相同,依次类推下去。例如:

风烛残年——年富力强——强人所难——难以为继——继往开来——来者不善——善始善终——终身大事——事必躬亲——亲者痛仇者快——快人快语——语焉不详……

凡接不下去者便是输家,理当受罚。"罚"什么呢?这要依聚会的主旨与条件而定,意在逗乐。

成语接力玩牌法

成语接力,除了以口头游戏的方法之外,还可以采用玩牌的形式,此乃书面连接法。

(1)成语牌自制,可用旧扑克或硬纸板制成小卡片40张,每张上写一条成语。其中一张用红笔书写,其他各张均用黑笔写。

(2)参加者最好为4人。

(3)游戏时,先将成语纸牌(小卡片)混洗,四人依次摸牌,摸完为止。摸到红字牌的先出牌,任意出一成语。余者按顺时针依次出牌。

(4)第二人出牌的规则,必须根据桌上所出成语中任何一字为首或为尾,接一张牌,连上一句成语。例如,第一人出"快人快语",第二人便可在"语"后接一张"语重心长",或在"人"下接一"人定胜天",或在"快"下接一"快马加鞭"等等。第三人便可在"长"后再接"长风破浪",第四人可再在"浪"后接一"浪子宰相"。当然也可在其他字的下面或上面接续。但该字必须是所说成语的第一字或最后一字。

(5)如果该出牌者手中没有合适的牌可连接,就要从手中取出一张牌放到桌上关"禁闭"。这样依次轮流下去,看谁手中的牌先出完,而所关"禁闭"的牌又最少者为胜。

下面是所列成语的"接力图",这仅仅是个例子,玩者可举一反三。

```
九牛一毛毛遂自荐
九          枉          虎          何何足为奇奇货可居
九          道          口口若悬河   去
归归真反璞   事          余          何何乐不为为民请命
一          人          生          从          民
一言九鼎鼎力相助助人为乐乐极生悲悲欢离合合从连衡          不聊
言          力          乐                                  生
不          不          不不入虎穴，焉得虎子               生
由          从          可                                  子
衷          心心相印    支支离破碎                         虚
            心          相          破          乌乌合之众众口一词
            猿          辅          釜          有
全心全意    意          相          沉
            马马到成功功成名遂  舟舟中敌国
            马          功          名
            齿          成          落
            徒          身  孙孙庞斗智智勇双全力以赴赴汤蹈火
            增          退          山
```

上例图中所接的成语，不仅要求参加者能很快地接上，而且要对所接成语有所理解，这样才有游戏的真正意义。

第四节 成语接龙

"龙"在古人心目中的想象，是长蛇阵式的，一节接一节，灵活多变的神物。成语接龙是从昔日纸牌或现代扑克牌"接龙"游戏而形成的。所以，玩成语接龙也需要制备一套成语卡片。

接龙的准备

欲玩成语接龙，首先准备一批成语条目。例如：

分秒必争　（争）先恐后　（后）来居上　（上）无片瓦,下无插针之地　（地）大物博　（博）大精深　（深）恶痛绝　（绝）代佳人　（人）之将死,其言也善　（善）始善终　（终）身大事　（事）半功倍　（倍）道而进　（进）退两难　（难）解难分

本例可备 56 张相同大小的小卡片（可用硬纸板自制），作为玩接龙的牌。按照上述成语条目的顺序,分别在每张小卡片上写一个字。凡括号里的字都不要写上去,如"（绝）代佳人"的"绝"字就不要写,因为在它前面的"（深）恶痛绝"这句里已有"绝"字了。同理,这句里的"深"字也不要写,因为它前一句的末尾已经有了。但"分"字可以有两个,因为它们都不在括号内,其中一张牌可用其他颜色笔写括号以作为"百搭"牌,缺什么字就可充作什么字。

接龙的玩法

成语接龙游戏,一般由 4 人一起玩。具体玩法：

（1）先将小卡片混合洗牌,再按顺时针方向轮流摸牌,本例成语条目每人可摸 14 张,摸完为止。

（2）第一盘开始时,可公推一人先出牌,或掷骰子决定。下一盘就由上一盘最早把牌出尽的人先出。

（3）第一个出牌者,先应把自己手里的牌全部看一遍,把能搭

配的和不能搭配的牌分开,然后选取其中一张打出去。例如,第一人出了"博大精深"的"大"字,那么,第二人就该出"大"字的前后两个字,即"博"或"精",然后让第三人按该成语的字句排列续接上去。倘若第二人的手里,这两个字都没有,就只好停止出牌,让第三人出,若第三人也没有便由第四人出。如此轮流接卜去,直到把上述15条成语完全接通为止。谁手里的牌先出完,谁就是赢家,下一盘第一个出牌。这样玩的结果,最终总有一人手里还剩一张牌,按规定扣10分。待下几次游戏中,他如果摸到"百搭",便无条件地和当时那盘赢家交换一张普通牌。

(4)出牌者既要想如何取胜,又要注意自己不被别人卡住。如果你出一个"大"字,别人家就有出6个字的机会,那就是"地大物博""博大精深""终身大事"中的"地、物、博、精、身、事"6个字。

上面列举的15条成语仅仅是个例子,一旦玩会了,您就可以另组一套成语,作为玩成语接龙游戏的工具牌。

第四章

诗词奇葩

诗词是精美的语言，言志抒情。在您劳作之余，吟上那么几句，"一张一弛"，总会有益于身心健康！

自古以来，诗词作品可称"葩"者，数不胜数。然而称"奇"者何故？这里所说的"奇诗""奇词"，是指诗词中的游戏之作。有许多具有文字游戏性质的诗词，不仅作品本身的文字奇特，而且有特殊的写作背景、人文故事，知者不得不称奇。例如，民间流传一首咏月的古诗，它就有点奇特，诗云：

一、二、三，

蛾眉天上安。

待奴年十五，

正面与君看。

这首咏月诗，戏将月亮比作一个少女，意思是说，初一、初二、初三的时候，月亮像弯弯的蛾眉，等到十五那天的月亮正圆，她圆圆的脸会正面看着你。这样的吟咏，既是诗，又像是谜，意韵隽永。

第一节 诗的"韵"趣

律诗有韵,咏之上口,无"韵"则难成诗。诗韵往往会有无穷的趣味。中国象棋,历史悠久,在中华文化中,算得上一个主角。关于象棋,今列二三诗,请读者品品其韵趣。

《趣吟弈棋》

章尚朴有一首《趣吟弈棋》的诗作:

> 楚江鸣号角,汉界动干戈。
>
> 双炮频催阵,群兵欲渡河。
>
> 飞车谋胜策,战马乘虚讹。
>
> 相士临危局,将军奈若何。

这首诗的韵脚在"戈、河、讹、何"四字,它们把棋子的运筹和棋局的走向表达得有声有色,惟妙惟肖。

两首"同韵"棋诗

明太祖的孙子朱高炽,就是后来的明仁宗。此人在当太子时就是个象棋迷,因此常咏象棋诗,其中有一首这样写道:

> 二国争强各用兵,摆成队阵定输赢。

马行曲路当先道，将守深宫戒远征。

乘险出车收败卒，隔河飞炮下重城。

等闲识得军情事，一着功成见太平。

朱高炽的这首诗，表达了他对行棋的见解。明朝正德年间诗人毛伯温也爱下象棋，特地和了他这一首：

两国争雄动战争，不劳金鼓便兴兵。

马行二步鸿沟渡，将守三宫细柳营。

摆阵出兵挡要路，隔城飞炮破重城。

帷幄士相多机变，一卒功成见太平。

两首诗都以最后一句做画龙点睛之语，但"着"与"卒"一字之差，有着境界上的差异。

因为"一卒"不可能一蹴"功成"，它要先渡河，然后在其他棋子的配合下才能取得战绩，这比"一着"显得多了几分含蓄和远瞩之意。

第二节　诗的"嘲"味

诗的味道可以很多，"嘲"只是其中一种。嘲，即"嘲笑""嘲弄"，或曰"嘲讽"，有讽喻批评之意。

"自嘲"绝不是自贱，它是一种自我表达，情绪释放，是幽默，是轻快。诗人自吟可以宣泄不快之事,在自嘲中愉悦自己,读者亦从中获得启示和快乐。除自嘲诗外,古代还有很多讽喻诗,读来都能受到不一样的教益。

梁灏科考解嘲

古代文人在科举考试中,无不希望高中。五代十国时期有一名梁灏者,从小发愤读书,立志要考中状元:"考不中状元,誓不为人!"后来屡试不中,受尽了别人的讥笑。但他并不介意,总是自我解嘲,说:"我每试一次,就向状元靠近了一步!"他以这种平和心态坚持考下去,从后晋天福三年(938)开始考,历经后汉、后周,直至宋太宗雍熙二年(985),终于考中状元。他写下一首《自嘲》诗:

> 天福三年来应试,雍熙二年始成名。
>
> 饶他白发头中满,且喜青云脚下生。
>
> 观榜更无朋侪辈,到家唯有子孙迎。

诗中"侪"为"同辈"之意,意思是考到满头白发,才获得"青云"升迁的希望;看金榜题名时,已不见同辈的朋友,只有家里的儿孙在迎接。可见科举的残酷无情!好一副乐观的心态,才有这自嘲的吟咏。更喜者,"自嘲"使得梁灏长寿,他活过了古人普遍难以逾越的九十大寿。

嘲笑不读书的懒生

《广笑府》这部笑话书里，载有一首七言诗《怕读书》，描绘了一个不思读书的懒学生。诗曰：

> 春天不是读书天，夏日炎炎正好眠。
> 过得秋来冬又到，收拾书箱度残年。

何以"春天不是读书天"呢？可以想象得到，春天风和日暖，百花盛开，是出去踏青游玩的好时节。夏天太热，令人犯困，秋天……一言以蔽之，怕读书的人总有一堆理由，诗中这个不求进取的懒学生，就这样混掉了一年的大好时光。此诗写得很滑稽俏皮，看似懒学生自嘲，其实是好事文人嘲笑、戏谑了这种懒货。其积极作用还是有的，旨在鞭策。

郑燮谑诗赶小偷

"扬州八怪"之一郑燮，就是清代大名鼎鼎的郑板桥。他不但精通书画，而且擅长诗词，诗、书、画都有突出成就，号称"三绝"，故世人称誉他为杰出的画家、文学家。他尤擅画兰花、墨竹、怪石，秀丽苍劲；书法操隶、楷、行、草而为一，自号"六分半书"；诗文讲求真情，傲放慷慨。他做知县达20年，因荒年请赈而获罪。辞官回乡隐居，只牵回一条家犬，带回一盆心爱的兰花，"一肩明月，两袖清风"，以卖画为生。

一天夜里,月黑天寒,大风刮起,郑板桥想到农家又要遭灾了,辗转难眠。此时,恰有一个小偷溜进了他的屋子,心想郑老爷回乡,总会腰缠万贯。郑板桥看在眼里,焦在心中,翻身低吟道:

大风起兮月昏沉,
梁上君子到寒门。

这时小偷已近床边,闻声暗惊,只好停步不前,又听吟道:

诗书腹内藏千卷,
金银床头无半文。

小偷赶忙转身出门,又听室内说道:

出户休惊黄尾犬,

小偷一听门口有狗在守夜,就决定越墙出去,正欲起步上墙,又听有诗云:

越墙莫损兰花盆。

小偷抬头一看,墙头果然有一盆兰花,于是翻身上墙,小心避开了花盆,脚才落地,又听屋内传出声音:

天寒不及披衣送，

趁着月色赶豪门。

    小偷自觉羞愧，飞也似的消失在夜幕中。这个故事流传甚广，致使诗句的版本不一。例如最后一句"趁着月色赶豪门"，表明诗人对社会的贫富不公而不满。此外另有一种说法是"奉劝君子重做人"，就表达出诗人劝善的心态。传说受此幽默讽刺，小偷猛醒，果然迷途知返。这个故事真实吗？未必，在很大程度上是游戏之作。它是郑板桥嘲弄自己，还是嘲弄小偷？抑或是别人借郑板桥之大名，"打油"一番？三者都有可能。

蒲松龄"唐诗待客"

    《聊斋志异》的作者蒲松龄，字留仙，号柳泉居士。他的《聊斋志异》写的都是借鬼狐而刺虐人间的故事，正如山东蒲松龄纪念馆里一块碑刻：

写鬼写妖高人一等，刺贪刺虐入骨三分。

    蒲松龄一生贫困，自称是苦行僧转世，终其一生都是劳苦大众中的一员。他的《日用俗字》里，写的多是农村老百姓的菜蔬瓜果，山珍海味极少，这就是蒲松龄物质生活的写照。

    民间流传着一则蒲松龄"唐诗待客"的故事：有一次，贵客上门,蒲松龄想招待朋友吃饭,但又因生活艰难,"手长衣袖短"呀,家里总共只有六文钱,怎么办?他让妻子用两文钱买韭菜一把,两文钱买豆腐渣一团,再用两文钱买小冬瓜一个,又从门前柳树上掐下嫩叶一把儿,另从鸡窝里摸出两个鸡蛋,就如此这般地做起菜来。开席的时候,每上一道菜,蒲松龄都说出一个别致的名称。第一道是清炒韭菜,菜上铺有炒蛋黄,说是:

　　　两个黄鹂鸣翠柳,

第二道菜,焯好的嫩柳叶撒上点细盐,并在四周围上一圈炒蛋白,说是:

　　　一行白鹭上青天。

第三道菜,清炒豆腐渣,说是:

　　　窗含西岭千秋雪,

第四道菜是冬瓜汤,汤上漂有用冬瓜刻出的小船,说是:

　　　门泊东吴万里船。

熟读唐诗的人一听,都知道这四句诗是诗圣杜甫的一首绝句,诗意是从窗口往外看景。蒲松龄巧妙地利用了诗中的颜色,玩着美妙的文字游戏!

所谓"唐诗待客"的佳话,毕竟是个传说,甚或是文人借蒲公这位名人所玩的文字游戏。不过,这故事的情节十分符合蒲松龄的文采,和他的实际生活状况。

第三节 拆字趣咏

汉字系统中多数字是形声字,把它们拆成的不同字素,又大都是独立的汉字。拆字诗就是利用汉字的这一特点,将拆字引入诗中,使诗作别具一格。作者既要书写内容主旨,又要利用汉字的可拆性藏巧含慧,作出出人意料的新文章。历史上的拆字诗不少,不乏可圈可点的文字游戏。

皮日休《晚秋吟》

唐代诗人皮日休,有一首《晚秋吟》就是拆字诗,请君吟读,看看它是如何玩弄拆字游戏的:

东皋烟雨归耕日,
免去玄冠手刈禾。
火满酒炉诗在口,
今人无计奈侬何。

此诗描绘了晚秋归耕的光景,烟雨蒙蒙,然室内火炉煨酒,边饮边吟,又怡然安逸自得。诗人"免去玄冠手刈禾",是说脱下官服官帽,干脆变成农夫,令"今人无计奈侬何"？当今那些热衷于功名利禄的人,能把悠闲自在的我怎么样呢？全诗把作者清高坦荡的情怀表达得格外得体,教人仰慕。

更有奇趣的是拆字游戏,此诗的题目"晚秋吟"三字,在诗句中被拆成了"日""免""禾""火""口""今"六个字,均匀有序地散布在句末与句首,首尾衔接,不露痕迹。

刘一止"日月明朝昏"

宋代诗人刘一止有一首拆字诗,玩的是另一种手法,诗曰:

> 日月明朝昏,山风岚自起。
>
> 石皮破仍坚,古木枯不死。
>
> 可人何当来,意若重千里。
>
> 永言詠(咏)黄鹤,志士心未已。

此诗前四句写景,后四句生情。写自然景物分了两个层次:一是日月自明,山岚自起,这是顺乎天理自然的现象;二是石破仍坚,木枯犹活,这是矛盾的情景。写心情也有两个方面:一是怀念知心朋友,盼望他早日归来,愿情意永驻;二是讲自己既羡慕仙人骑鹤归隐,又壮心未已,意在进取。

有趣的还在于诗句中玩了汉字拆合游戏,"明""岚""破"

"枯""何""重""咏（詠）"这八字,都是合体字,在句中拆解连用得非常贴切。

拆字巧读趣味诗

几年前,《老年日报》载有一则文字游戏《巧读趣味诗》。此诗四长句,算得上是有韵脚的律诗。

游戏规则是将这首拆字诗,由四句拆改成八句。为此,必须将其中一些字拆开。四句诗是这样的:

牛郎织女会佳期下弹琴又赋诗,

静唯闻钟鼓響(响)停始觉星斗移。

少黄冠归道观几而作尽忘机,

时得到桃源洞彼仙人下象棋。

怎样拆句呢? 哪些字可以拆开呢? 你只要认真地读几遍,就能看出端倪:

句中可以拆开的几个字是:期、诗、響(响)、移、观、机、洞。它们分别拆出"月""寺""音""多""见""几""同",分别供下一句作首字用。于是读成下面八句诗:

牛郎织女会佳期,月下弹琴又赋诗,

寺静唯闻钟鼓響(响),音停始觉星斗移。

多少黄冠归道观,见几而作尽忘机,

几时得到桃源洞,同彼仙人下象棋。

这种拆字巧读诗句的游戏,别有趣味。

第四节　猜猜谜诗

古诗中有不少如谜一般的作品,而以诗的形式制谜,到明代已较成熟。例如明代于谦的七绝《石灰吟》,以石灰自喻:"粉身碎骨浑不怕,要留清白在人间。"全诗生动描述了石灰的生成和性状,然四句诗不见"石灰"字样,让读者想象领悟。诗句是谜面,题名"石灰吟"则是谜底,惟妙惟肖。

曹操中药谜诗

昔日文坛,中药入诗、词、联、曲,都是直接将药名嵌入,而以药为谜则不同,多以会意去猜,大有出神入化之感。药谜始于三国,这大概与华佗有关。

曹操是东汉末政治家、军事家,也是文学家,沛国谯郡人,即今安徽亳州人氏。他入仕即南征北战,官至汉相后仍然亲征。一日,曹操远征归来,犯了头痛病,获知华佗是名医,有妙手回春之术,将信将疑,想试探一番,就口授一首谜诗,由徐庶记录,并派人送达华佗。华佗一看,原来是十六句谜诗:

胸中荷花兮,西湖秋英;

晴空夜明兮,初入其境;

长生不老兮,永世康宁;

老娘获利兮,警惕家人;

五除三十兮,假满期临;

芒种降雪兮,军营难混;

接骨名医兮,老实忠诚;

黑发未白兮,大鹏凌昆。

华佗毕竟是东汉末年的医学大师,他将这十六句诗依次写出十六味中药名:穿心莲、杭菊、满天星、生地、万年青、千年健、益母、防己、商陆、当归、麦冬、苦参、续断、厚朴、首乌、远志。

写完这张药单即交来人带回给了曹操。曹见华确有才华,便留他做了御医。

至此,不免有人会问:曹操非医,何以能制吟药谜诗呢?不难理解,曹操是亳州人,而此地自古为药都,盛产药材,亦是中药材的集散地,曹操作为文化人,耳濡目染,自然懂得很多药材知识的。

现在,请读者把这十六味中药与曹操的十六句诗依次对照,仔细揣摩,体会制谜与猜谜的心计。

华佗亦为沛国谯郡人,土生土长在药都,一生苦心钻研医术,精通内、儿、妇、针灸多种医科,外科尤为擅长。他曾用"麻沸散"给患者麻醉,施行剖腹手术,成为世界医学史上最早的全身麻醉术。但他不求仕途进取,被曹操忌疑,后因不为曹操治病而被杀。

李峤的《风》谜

唐代诗人李峤有一首五绝《风》,可以说是一首绝妙的诗谜。题名"风"是谜底,谜面则是四句带数字的诗:

解落三秋叶,

能开二月花。

过江千尺浪,

入竹万竿斜。

谁吹落了秋天的树叶,又吹开了二月里的鲜花?谁过江能掀起千尺巨浪?谁入竹林能使万竿摇摆飘拂而倾斜?当然只有风有此神奇的能力。诗句吟咏的是风的种种功能,却不见一个"风"字,妙!

黄庭坚解谜诗应酬李洵

黄庭坚,北宋官员、诗人、书法家。黄庭坚22岁中解元时,主考官李洵为一睹其风采,主动召见他。一见面,李洵便吟了四句诗:

面对青山来谈心,

二人席地说古今。

三人骑牛牛无角,

草木丛中藏一人。

青年黄庭坚风度翩翩，聪慧敏捷，一听便知李洵吟的是谜诗，会意而笑，连忙拱手行礼称谢。谜底正是"请坐奉茶"四个字。这首谜诗还有特别之处，就是彰显了拆字会意的游戏功力。

谜底为"用"字的诗

明代八才子之一、文学家李开先，自编谜书，取名《诗禅》。他说："人心稍变，直道难行，有托兴，有伤诗，有讽谏，有寓言，有隐语，有廋词，俗谓之谜，而士大夫谓之诗禅。"在他的谜书里，不少作品既有诗情画意和思想寄托，又字字入扣组合成谜。例如谜底为"用"字的诗作：

重山复重山，重山向下悬；
明月复明月，明月在两边；
上有可耕之田，下有长流之川；
一家共六口，两口不团圆。

此诗写的是深山里的一户人家，那里山水相依，水中明月与重山互映，景色美好。可是丈夫被迫在外服役，两口子不能团圆，农妇身边还留下四个孤苦的孩子，境况很凄惨！你细细品味，此诗的谜底"用"字，对照这八句诗，句句入扣，似乎一个字也不显得多余。实在高妙！

唐寅的谜诗医方

唐寅即唐伯虎，不愧为明代的"风流才子"，他不仅诗、书、画称绝，还精通医术。古代文人博览群书，因研读医籍，故通医是不足为奇的。

据传某日，唐寅参加好友祝允明（别称祝枝山）的五十寿宴，酒过三巡，忽闻屋内传出小儿的哭声，阵阵不止。唐寅便问是怎么回事。祝允明叹道："此乃犬子染疾，先是腹胀，继而小便不畅，先后请了几位名医诊治，汤药灌了不少，仍未见好转，现在小便不通，腹胀如鼓，不停地啼哭。"说罢潸然泪下。

唐寅听罢，劝祝允明不要着急，拉着祝允明说："你带小弟进去看看。"唐寅经过一番诊断后，便到祝家书房，展砚提笔开了一个处方，并说："此病无大碍，照我的处方敷用，不出一日，包你药到病除。"祝允明听之甚喜。这处方是些什么药呢？请看：

> 宝塔尖尖四五层，
>
> 和尚出门慢步行。
>
> 一把蒲扇半遮面，
>
> 听见响声便关门。

唐寅指着处方嘱咐："此药挑几个大些的取肉，加盐少许，与一根葱白共捣成泥，敷于小儿脐下寸许处，不出一日，病儿小便会通，腹胀自然消除。"祝允明见处方是一首谜诗，情急之下，谜底一时却揭不开。唐寅便笑着说:"别急,此乃'田螺'也。"《本草纲目》说它利湿热,治黄疸;捣烂贴脐,引热下行,开噤止痢,可下水气淋闭等症。祝允明忙着人按处方去集市买回了田螺,如法敷用,不一日果见奇效。祝允明此时心情大好,便又取出唐的处方谜诗,一字一句地品味,深感生动形象,惟妙惟肖!

祝允明因小儿病愈,便赶忙去唐家言谢,笑对唐寅说:"想不到唐兄有此妙手回春之术。"唐寅说:"自古文人多通医嘛,李、杜、陆、苏,概莫能外,何止唐某!"

一则拆字诗谜

古代文人爱玩拆字游戏者众,见面礼拜和诗猜谜,或相谑吟诗嬉戏,显示才学,故此类作品甚多。有一首拆字诗谜这样写道:

百万军中卷白旗,天边豪富少人知。

秦王折了余元帅,辱骂将军失马骑。

吾被人言欠口信,辛苦无干枉自嗟。

毛女受刑腰际斩,分尸不得带刀劈。

一九妙药无人点,千载终须一撇离。

这十句诗是谜面,谜底则分别为一、二、三、四、五、六、七、八、九、十。首句,"百"减"白"是"一";第二句,"天"去"人",自然是"二";第三句,"秦"去掉"余"是"三";第四句,"骂"字去掉"马"是"四",因为上"罒"下"馬"是"骂"字的异体;第五句,"吾"字去掉"口"是"五";第六句,"辛"字去掉"干"是"六";第七句,"毛"字去掉上面的一半,是"七";第八句,"分"字去了"刀"则是"八";第九句,"丸"字没有了一点,便是"九";第十句,"千"字抛离一撇是"十"字矣。

第五节　奇巧的人名诗

自古诗人多吟"风花雪月",借景抒情,因此触景生情的诗作很多。然而,数字入诗,中药入诗,乃至人名入诗,都可谓奇葩。诗句,也是一种语句,应该合乎语法。人名是一种专用名词,一般在句子中充当主语和宾语,在没有动词或形容词做谓语的情况下,将它们连接起来,很可能不成为句子。但是,有些人名,既可以是名词,又可以当动词或形容词使用,这便有了将某些人名连接起来成为句子的可能。比较好的人名诗,大都是诗人巧妙构思,精心搭配,匠心独运,用极少的字、词把人名连缀起来,不仅可以成句,而且巧妙地表达出所需要的意境,给读者以诗情画意的愉悦和美的享受。

人名诗有两点必须注意:一是不能改动人名用字,充其量个别字可以谐音;二是必须尽力保证人名的主体地位,用来连缀的字、词要尽量地少,不可喧宾夺主。否则,人名诗中的人名被淹没,势必失去人名诗的特色。

容肇祖人名诗《七绝》

1937 年,卢沟桥事变后,国难当头, 北京大学、清华大学、南开大学奉命南迁,组成长沙临时大学。文学院安排在离长沙一百多里外的南岳市,教授们集中住在衡山脚下的停云楼。这里简陋拥挤,却是读书做学问的静地。历史系教授容肇祖将文学院的19位教授的姓名连在一起,写成五首七绝。其中有两首是这样:

冯阑雅趣竟如何,(冯友兰)
闻一由来未见多,(闻一多)
性缓佩弦犹可急,(朱佩弦)
愿公超上莫蹉跎。(叶公超)

卜得先甲与先庚,(周先庚)
大家有喜报俊升,(吴俊升)
功在朝廷光史册,(罗廷光)
停云千古留大名。(停云楼)

诗中的佩弦是朱自清的字。仅从这两首可见,人名都自然地嵌入了诗句中,意境也佳。当时环境艰苦,条件很差,但诗反映出的精神状态乐观向上。

老舍、吴组缃"凑合"人名诗

抗战期间,重庆常遭敌机轰炸。老舍和吴组缃为躲空袭常一起钻防空洞,久久闷在洞内很难耐,便凑合诗文聊以自遣。其中就有以文艺界的人名拼凑的对联和诗词。例如老舍说:"大雨洗星海,这一句多壮美,有本事你来对!"

吴组缃略加思索说:"长虹穆木天!"老舍赞他对得好。

又一次,因梅雨季节在防空洞里,更难耐,吴组缃说:"梅雨周而复。"老舍想了想,说:"蒲风叶以群! 何如?"就这样你来我往地对句,后来由此凑成两首五律,再加上其他一些诗,并冠以"与抗战相关"的总标题,在《新蜀报》副刊发表。其中两首五律:

忆昔

也频徐仲年,火雪明田间。

(胡也频、徐仲年、火雪、雪明、田间)

大雨冼星海,长虹穆木天。

(孙大雨、冼星海、高长虹、穆木天)

佩弦卢霁野,振铎欧阳山。

(朱自清、卢霁野、郑振铎、欧阳山)

王语萨空了,绀弩黄药眠。

(王语、萨空了、聂绀弩、黄药眠)

野望

望道郭远新,芦焚苏雪林。

(陈望道、郭远新、芦焚、苏雪林)

烽白朗霁野,山草明霞林。

(烽白、白朗、卢霁野、山草、草明、霞林)

梅雨周而复,蒲风叶以群。

(梅雨、周而复、蒲风、叶以群)

素园陈素竹,老舍谢冰心。

(孙素园、陈素竹、老舍、谢冰心)

这两首律诗,包含了 36 位作家、艺术家,他们在当年都有不小的影响力。这样的诗一见报,自然使人们觉得有趣。

吴组缃的祝寿《七律》

1944 年,重庆文化界庆贺老舍创作 20 周年,吴组缃为祝贺他,又凑了一首人名诗《七律》:

戴望舒老向文炳,凡海十方杨振声。

(戴望舒、舒老、向文炳、凡海、十方、杨振声)

碧野长虹方玮德,青崖火雪明辉英。

(碧野、高长虹、方玮德、青崖、火雪、雪明、辉英)

高歌曹聚仁蕙宇,小默齐同金满城。

(高歌、曹聚仁、蕙宇、小默、齐同、金满城)

子展洪深高植地,寿昌滕固蒋山青。

(陈子展、洪深、高植地、寿昌、滕固、蒋山青)

诗中"舒老"即舒舍予,亦即老舍先生也。全诗集作家、艺术家和学者共 25 位,可谓有趣而难得的佳作。

第六节　藏头诗的隐趣

藏头诗的关键,是把关键的字隐藏起来,是一种具有游戏性质的杂体诗,又称"藏头格"。古人对藏头诗这种游戏之作,大体有三种定义:

其一,作律诗直至末联才点明题意。《冰川诗式》这样释其义:首联至中二联六句都说所见所闻的情景,而不言题意,直到结联方说主题之意,谓之藏头。

其二,藏头诗是歇后诗的对称体。《诗体明辨》里释义说,藏头诗的每句头字,都隐藏于上句尾字也。

其三,将所要说的事物分藏于诗句之首。

史上最早的藏头诗

唐代白居易的《游紫霄宫七言八句》,是现存最早的藏头诗:

> 水洗尘埃道未甞(尝),甘于名利两相忘。
>
> 心怀六洞丹霞客,口诵三清紫府章。
>
> 十里采莲歌达旦,一轮明月桂飘香。
>
> 日高公子还相觅,见得山中好酒浆。

这种藏头诗属于第二种,就是将每句诗的首字巧妙地藏于上句尾字之中。第二句的首字"甘"藏于第一句尾字"甞"中,第三句首字"心"藏于第二句尾字"忘"中,以此类推。至于第一句的首字"水",则藏于第八句的尾字"浆"中。

郑板桥吟诗戏权贵

嵌字于句首的藏字诗,文坛向来最多,例如"郑板桥吟诗戏权贵"就是又一好例。郑板桥当潍县县令时,因大开官仓放粮赈灾被革职。他雇了一条民船回老家,一天迎面开来一艘官船,桅杆上炫耀着锦旗,旗上书有大字曰"奉旨上任"。郑板桥看了很生气,立马找出一块绸布,上书"奉旨革职"四个字,也挂在桅杆上。官船上的大官一见,马上派人近前指责不该这样做。后得知是当今名士、书画大家郑板桥的船,立刻改变态度,并着人携礼登船道歉,还想索求郑的字画。郑听说来者是奸臣姚某之子姚有才,决意戏弄他一番,于是手书一诗奉赠。那首诗这样写道:

有钱难买竹一根,

财多不得绿花盆。

缺枝少叶没有笋,

德少休要充斯文。

这四句诗之首所藏之字,连起来便是"有财缺德",一语双关,又谐音为"有才缺德"。姚有才一读此诗,气得发昏。这首藏头诗,则属第三种。

新春祝词藏在诗句中

记得己卯年春节,《合肥晚报》副刊发了一个别开生面的新春祝词。它选取了一组诗句,其祝词就散落在这些诗句最后的一个字上,将它们连缀起来,便是献给读者、作者的新春祝词:

童童翠盖桑初合 ——元好问(金)

鹅湖山下稻粱肥 ——王驾(唐)

停车坐爱枫林晚 ——杜牧(唐)

吉金祥鼓丰收报 ——田汉

四季风光任不同 ——胡乔木

战斗终生不让仁 ——凌鹤

若见白头须尽敬 ——元稹(唐)

遥对封人上三祝 ——林则徐(清)

生活源泉深且广 ——茅盾

昆仑魄力何伟大 ——陈毅

长歌正气重来读 ——郁达夫

不惜芳菲遗远者 ——郭沫若

蓬壶殿里笙歌作 ——岳飞(宋)

一生自是悠悠者 ——高适(唐)

精神日新德日新 ——廖仲恺

万紫千红总是春 ——朱熹(宋)

风和日丽春游快 ——董必武

历经仕途知苦乐 ——邓拓

老翁此意深望幸 ——元稹（唐）

洪灾顿化成洪福 ——楼适夷

凭君传语报平安 ——岑参（唐）

十亿人民建小康 ——李真

这样敬致祝词的方式很新鲜，颇具新春游艺的娱乐性，在领略祝词的同时，又品味了多滋多味的诗句。

第七节　打油诗真逗

打油诗是一种以俚语俗话入诗、不讲平仄对仗、特别活泼的文学形式。也就是说，这种诗介于律诗与新诗之间，它不受律诗的种种束缚，多呈长短句，相当口语化，但又有韵脚，押韵顺口，生动形象，带有几分粗犷。它往往深刻反映作者对现实社会和生活的强烈感受，从具体事物入手，铺陈其事，直抒胸臆，抒发思想感情，不作无病呻吟、矫揉造作之态，只以最朴素、最原始的感觉为基础，直接命中要害，一吐为快，绝不晦涩拗口，而其内涵又十分丰富，具有另一类美感。

长期以来，打油诗在文学史上没有地位，甚至被正统文人视为旁门左道，难登大雅之堂。因此，打油诗自古广泛应用于非官方之交际、民间文化交流乃至相互开玩笑。打油诗适宜于在老百姓间口头传诵，可供消愁解闷。有时又暗含讥讽，针砭时弊，往往成为文化的武器。

打油诗出自张打油

唐朝诗词丰收,诗人辈出。相传南阳有个名叫张打油的读书人,他是爱用俚语写诗的草根诗人。此人机智风趣,他的诗明白如话、通俗易懂,广受人们喜爱。一年隆冬,他外出办事,途中大雪猛然飘落,一时兴起,便在衙府的白墙上题《雪》诗一首:

六出飘飘降九霄,

街前街后尽琼瑶。

有朝一日天晴了,

使扫帚的使扫帚,

使锹的使锹。

官府派人把他抓来训斥,说他把这些不成体统的东西在墙上乱涂。他不认账,他认为自己的诗并非不成体统的东西。他理直气壮地申辩:"你们出题,我可以再作嘛!"当时,南阳官军被安禄山叛军围困,正向朝廷求援。官员就以此为题,要他赋诗一首。张打油一听,随口吟道:

百万贼兵困南阳,

既无救兵也无粮。

有朝一日城破了,

哭爹的哭爹，

　　哭娘的哭娘。

　　官员们听了张打油的这首《围城》诗，哭笑不得，无奈地将他放了。

　　这些故事虽是民间传说，但反映了底层民众的口味，因此这一文学形式在民间广为流传。据说张打油另有一首《他乡逢亲》，颇显离奇：

　　独自去咸阳，

　　见舅如见娘。

　　二人双流泪，

　　三行！

　　两人都流泪怎么只有"三行"？原来老舅有一只盲眼。张打油的诗中，最有影响的一首是《咏雪》：

　　江上一笼统，

　　井上黑窟窿。

　　黄狗身上白，

　　白狗身上肿。

　　张打油的诗被收入正统诗集的很少，唯有这首《咏雪》诗被收进了《升庵集外集》。首句写大雪茫茫,视野模糊而有"一笼统"的感觉,这是宏观。第二句微观特写,以井口"黑窟窿"衬托江上白茫茫的笼统,对比强烈。如果说前两句写的是静态,那么后两句则是写出了动态变化,黄狗变"白",白狗变"肿",这样的描写何其有趣!

王梵志的俚俗诗

唐朝诗人王梵志,擅长运用俚俗语言进行诗歌创作,写出大量反映劳动人民疾苦的作品。他的诗生动形象,以自我解嘲的笔调,于戏谑中有所倾诉或揭露,人称"含泪的微笑"。例如他的一首《人家笑吾贫》:

> 人家笑吾贫,
>
> 吾贫极快乐。
>
> 无牛亦无马,
>
> 不愁贼抄掠。

从这首诗中可见他的草根创作风格,半文半白,俚俗口语,清楚明白,似是唐诗的"另类"。遗憾的是,梵志诗篇长期不传,直到半个世纪前,才有人在敦煌发现了王梵志诗的残卷,经整理付梓,重见天日,但千百年的时光早已匆匆过去。

请把蝗虫"押回来"

北宋书画家米芾,官至礼部员外郎。他担任雍丘知县时,雍丘县境内及邻县发生了严重的蝗灾，铺天盖地的飞蝗把庄稼糟蹋得惨不忍睹。而邻县知县认为蝗虫是雍丘县驱赶越界而来的，便给米芾发出公函，要求雍丘下令禁止驱蝗。米芾读函后大笑，随即在来函纸尾题诗一首，退回邻县。诗云：

> 蝗虫本是飞空物，天遣来降百姓灾。
> 本县若能驱将去，贵县还请押回来。

此诗诙谐幽默，功夫就在后两句。与此诗大同小异的还有另一版本。话说从前一个大旱之年，德政、文泉两县飞蝗成灾，百姓苦不堪言。然而两县长官对灾害所持态度大不一样，德政积极向上请赈救灾，而文泉则瞒报灾情，还给德政县发公函推卸责任。函曰：

> 敝县原本无蝗灾，都从贵县飞过来。
> 务请赶快搜捕尽，免得再把我县害。

德政县令阅过公函后，啼笑皆非，委屈之下，就在来函后面题了一首"押蝗"打油诗回敬：

> 蝗虫本是天之灾，并非本县无德才。
> 既从敝县飞过去，还请贵县押回来。

这两个版本的诗作,之所以说它们是"打油诗",就因为通俗浅显,生动风趣,特别是最后两句,都以拟人的手法,请对方"押回"蝗虫,极富讽刺意味,令人捧腹。

陆诗伯仿打油《咏雪》

宋朝时,苏州有一位叫陆诗伯的人,家境贫困,他仿张打油的《咏雪》,也吟出一首咏雪诗:

大雪纷飞下,柴米都涨价。

板凳当柴烧,吓得床儿怕。

"仿作"自古颇多,似成文坛一种创作习俗,其实也是一种文字游戏。这首《咏雪》仿诗,颇具张打油的韵味,将家具人格化,生动有趣,大有童话的境界。与其说床也害怕被人充当柴火烧,不如说是人害怕物价高涨,于幽默风趣中倾吐穷人难忍饥寒的辛酸和无奈。

"大雪纷纷"四人吟

话说明朝有一年隆冬,某城郊小客栈里,住着几位避雪的客人。一连数日大雪纷飞,店客们无奈地坐在店堂里闲聊,其中有一位秀才见门外雪片飞舞,便吟诗一句:

大雪纷纷落地。

一位小官吏听了,马上凑趣说:

全是皇家瑞气。

一个乡绅忙续上一句:

再下三年何妨。

而一个要饭的乞丐,正靠在门口,听了十分恼火:

放你娘的狗屁!

这四句打油诗,看来是则笑话,但它从不同的角度,反映了不同社会阶级、不同地位的人们的心声。因为诗的主旨是"言志抒情"呀!

郑板桥也擅长"打油"

郑板桥即书画家郑燮,世人誉他"诗书画三绝",他的画多,尤喜画竹。诗文亦多,其中"打油诗"更是他的拿手好戏。

郑板桥成名后,深居简出,在家创作。有一次,他为收集素材去了杭州,同船过渡的有一个姓曹的豪门子弟,此人未闻郑板桥大名,更未曾见过面,见其衣着简朴,便不屑一顾,呵斥他坐到船尾去。面对此等可恶小人，郑板桥觉得可笑，就对着这个姓曹的小子作了一首诗：

可恨青龙偃月刀，

华容道上不斩曹。

至今留下奸雄种，

逼我诗人坐后艄。

此诗把曹公子臭骂了一顿，让他羞愧难当。诗的开头两句借用历史传说，表明对关羽不斩曹操的怨恨。何以怨恨？第三句说明缘由，是因为留下曹公子这种祸种，末句点明此祸种欺人太甚。诗句平实无奇，但锋芒毕露。郑板桥一生坎坷，内心不平，做事无所顾忌，因此讽世嘲人的打油诗不少。

郑板桥有一天路过某地，看到有一堆人在围观什么，便也凑上去看个究竟。原来是一对夫妻在吵架。其中有个心术不正的人，借拉架之机调戏那人之妻，夫妻二人看破，便反过来揍了他一顿。这个歹人很窝火，要郑板桥评判，还他个公道。郑板桥问清缘由后，没有明说什么，只信口念出四句打油诗，扬长而去。诗曰：

瓜洲的剪子，

镇江的刀；

如皋的钉耙，

> 海安的锹。

那个挨揍的歹人、那对夫妻和围观的众人,一时都不解其意。最后还是一位老农悟出了这四句的真谛:四句讲了四种铁器工具,而且都是各地有名气的产品,之所以有名,就因为"打得好"。原来如此! 这是一个歇后语式的谜语:四句诗是谜面,"打得好"是谜底;谜面是歇后语的前半句,而谜底则是它的后半句。众人明白谜底后,莫不拍手喝彩。

郑板桥一生不顺,但老来得子,自然对孩子疼爱有加,格外重视对孩子的教养。据传,他在病重卧床的日子里,还念念不忘教育儿子如何做人做事。下面是一首示儿打油诗:

> 淌自己的汗,
> 吃自己的饭,
> 自己的事业自己干;
> 靠天靠人靠祖宗,
> 不算是好汉!

此诗通俗如话,语重心长,立意高远,内容积极,具有激励人向上的教育意义。

胡适戏谑"大鼻子"

胡适先生有一位好友叫杨杏佛,鼻子大了点,他送杨一个外号"大鼻子",杨先生并不介意,更不以为忤。一次,胡适到杨家拜访,不巧杨外出,胡适等候了一些时间,因枯坐无奈,便在杨的书桌上提笔铺纸,信手写下一首诗《致杨大鼻子》,打油诗曰:

> 鼻子人人有,唯君大得凶。
> 直悬一宝塔,倒挂两烟筒。
> 亲嘴全无份,闻香大有功。
> 江南一喷嚏,江北雨蒙蒙。

好家伙! 这夸张也真到了极致! 这当然是胡适在与好友开玩笑,玩文字游戏。杨杏佛回家后,边念边笑,连呼:"好诗,好诗!"

刘半农自号"桐花芝豆堂大诗翁"

刘半农的大名谁个不晓,曾唱响全国的歌曲《教我如何不想她》,就是他的大作。他非常喜欢写打油诗,自号"桐花芝豆堂大诗翁",人皆不解其意。他自己得意地做出说明:"桐者,油桐子;花者,落花生;芝者,芝麻;豆者,大豆。此四物均可以打油。而本堂主人喜为打油之诗,故遂以四物者名其堂。"为了欣赏刘半农打油诗的趣味,不妨品它一例。《抬杠》就是他打油诗的一首代表作:

> 闻说杠堪抬,无人不抬杠。

有杠必须抬,不抬何用杠?

抬自由他抬,杠还是我杠。

请看抬杠人,人亦抬其杠。

这首诗像绕口令一样,无怪乎打油。它以"杠"为韵,一韵到底,虽"绕"来"绕"去,但仍朗朗上口。

刘半农英名一世,堪称幽默大师,他离世时,好友们都为之惋惜和悲痛。赵元任先生挽联曰:

十年唱双簧,无词今后难成曲;数人弱一个,教我如何不想他。

这副挽联诉说了彼此"唱双簧"友好合作的关系,刘作词,赵谱曲,挽联最后一句"教我如何不想他",正是当年共同创作的歌名的套用,意味深长。

第八节　宝塔诗的"塔"趣

所谓"宝塔诗",其实是一种长短句诗体,外形叠成"宝塔"。它原名"一至七字诗",或叫"一七体"诗,就是首句只有一个字,而末句则为七个字。

宝塔诗不仅讲究造型,而且强调押韵。从一字句到七字句,逐句成韵,或叠两句为一韵。后来又增至一字到十字,甚至十五字,每句或每两句依次递增。可见,宝塔诗的功夫全在"塔"形的创作。

宝塔诗早在唐诗中就有,民间更多,究竟是文人首创,还是民间首创已不可考。反正从李白、郑板桥,到鲁迅、胡适,一直到冰心这些名人,都有"宝塔"大作。

白居易一七体《诗》

唐文宗大和三年三月底,白居易被罢去了刑部侍郎之职,被任命为太子宾客,去东都洛阳上任。临行前,老朋友裴度等人在长安为他设宴送行,酒酣之际,有人提议以"诗"题为韵,在座的人各吟一首一七体。白居易响应,率先吟道:

诗。

绮美,环奇。

明月夜,落花时。

能助欢笑,亦伤别离。

调清金石怨,吟苦鬼神悲。

天下只应我爱,世间唯有君知。

自从都尉别苏句,便到司空送白辞。

白居易的这首《诗》,共55个字,首行只有一个字,末行七字,全诗塔形,新鲜活泼而有趣。

李白的《三五七言诗》

唐朝诗人李白一生好酒，号称"斗酒诗百篇"，所以老百姓称他为"诗仙""酒仙"。

李白的《三五七言诗》，很有趣，三言、五言、七言各两句，两两对应。诗曰：

秋风清，

秋月明。

落叶聚还散，

寒鸦栖复惊。

相思相见知何日，

此时此夜难为情。

这诗以每句正中一字为准，上下对齐排列，全诗即呈等边梯台的"宝塔"形。

王起咏"花"诗

诗人王起也有一首咏"花"的宝塔诗：

花，

点缀，分葩。

露初裛，月未斜。

一枝曲水,千树山家。

戏蝶未成梦,娇莺语更夸。

既见东园成径,何殊西子周车。

渐觉风飘轻似雪,能令醉者乱如麻。

这首宝塔诗,即为"一七体",意境非常美妙。花儿美,有点缀,也有分葩。有沾露的花,也有月光斜照的花;有曲水畔旁的一枝独秀,也有山村人家的千树繁花。还有说不尽的景致:粉蝶梦戏、娇莺语夸、园花满径、美女观花、风飘似雪,令观者如痴如醉,迷花忘返。

三才子智戏康熙帝

清朝康熙年间,安徽桐城的戴名世、方苞和庐江的孙维琪,人称"三才子",他们是大学者,也是朝廷命官。因与皇帝老儿太亲近,居然近得有点放肆,常聚在一起以诗讥诮康熙皇帝,故深为皇上嫉恨。

传说有一天,康熙皇帝召来戴名世、方苞、孙维琪三个人,想借故除掉他们,便故意说:"人家都说你三人有才,你们也自恃孤傲,现在命令你三人作诗,轮流一步一句,十步内速成一首宝塔诗,倘若完不成,定斩不饶。"想以此刁难他们。说时迟,那时快,康熙话音一落,三人望着康熙的麻脸(天花所致),依次开腔轮流吟道:

筛，

　　骨牌，

　　手炉盖，

　　雨洒尘埃，

　　后园虫吃菜，

　　石榴皮翻过来，

　　长桥路雪印钉鞋，

　　满天星斗无云遮盖，

　　一篇好文章被笔圈坏。

　　身着五彩衣你从何处来?

　　最后一句三人高声齐吟。这首宝塔诗，十句十个意象，无不暗喻麻脸的形态。仔细品味，确实很生动。康熙皇帝心知肚明，听了又气又恼，但转念一想，诗确实作得好，三人文才不可小觑，杀之实在可惜，也难免会遭天下怨愤。无奈之下，还是释放了他们。三才子以自己的才智暂时避过了这一灾难。

革命战争中的宝塔诗

　　新中国的诞生，来之不易。在中国的革命战争中，为了动员群众，武装群众，总是利用群众喜闻乐见的图文形式进行宣传，宝塔诗就是其中一种。它形式独特，诗句长度递增或递减，通俗生动，特别受工农兵群众欢迎。下面这首宝塔诗，是土地革命战争期间，工人夜校或农民夜校里常用的教材作品。它号召工农投身

革命,为实现共产主义理想而奋起斗争。诗曰:

穷

工农

可怜虫

为人雇用

身在黑暗中

不辨南北西东

哪知是受人牢笼

共产党人暮鼓晨钟

唤醒世界上一般疾聋

才知衣食住靠自己劳动

豪绅老财坐享天地也不容

拿起镰刀斧头向前勇敢冲锋

杀开一条血路遍地赤色血染红

推翻旧社会我们工农要做主人翁

爱国家爱民族无战争实现世界大同

各尽所能各取所需共产主义革命成功

很显然,这首宝塔诗内容严肃,形式活泼,曾为革命宣传立下不可磨灭的战功。

冰心的《赠梅校长诗》

宝塔诗的外形大同小异。如果每句首字对齐排列,则呈直角三角形的梯形宝塔,例如冰心先生的一首《赠梅校长诗》。

冰心写这首宝塔诗的起因是什么呢?原来是她丈夫、社会学家吴文藻先生"书呆子"的故事。

一个阳光明媚的春日,冰心与家人在庭院里赏花,婆婆叫她喊吴文藻也出来散散心。吴文藻从书房出来,站到丁香树前,目光茫然,应酬似的问:"这是什么花?"冰心见他心不在焉,故意逗他而回答:"香丁!"吴文藻并未意识到妻子在戏弄他,便点点头说:"呵,香丁。"众人哄堂大笑。又有一次,吴先生受命上街给孩子买点心"萨其马"。到了点心店,他居然忘记了点心的名称,只好问孩子,孩子小,不会说"萨其马",只会说"马"。吴文藻对店员说:"就买孩子叫'马'的点心!"店员终于领悟,拿了萨其马给他。还有一次,冰心让吴文藻买一件双丝葛的夹袍面料,可他到了布店弄不清,说要买一丈多的羽毛纱,店家觉得有一点儿不对劲。幸好这家布店老板跟冰心熟识,便打电话来问,这又成了一大笑料。

抗战初期,一天周末,清华大学校长梅贻琦夫妇来冰心家探访,因为吴文藻是清华毕业生,梅吴师生情谊甚深,闲话中自然涉及吴文藻"憨傻"的书生气,为了逗乐,冰心就写了一首宝塔诗赠梅校长。梅校长接过诗一读,哈哈大笑,便提笔在宝塔诗下添了"底座",续写了两句,全诗便成这样:

马

香丁

羽毛纱

样样都差

傻姑爷到家

说来真是笑话

教育原来在清华

冰心女士眼力不佳

书呆子怎配得交际花

　　冰心与梅贻琦两位先生和诗，以诗调侃，乐在其中。冰心语言丰富而幽默，而梅校长是学者，他们写宝塔诗是文字游戏，不见得那么在行，闹着玩而已。

第九节　富有节奏的叠字诗

　　叠字诗，指诗句的部分或全部运用"叠字"写成。所谓"叠字"，是两个相同的字重叠组成一个词，又称重言诗。叠字的恰当运用，可增强语句的节奏感，使诗人的情感得以强烈地表达。顾炎武在他的《日知录》中说："诗用叠字最难，……古诗'青青河畔草，郁郁园中柳。盈盈楼上女，皎皎当窗牖。娥娥红粉妆，纤纤出素手'，连用六个叠字，亦极自然，下此即无人可继。"说明诗中叠字，不是随便就能用好的。

叠字诗的创作,大体有两种情况:一种是在同一句中运用重叠的字;另一种是将一些字重复地读,或上一句中的某几个字在下一句中重复使用。后者也在"回文诗"中得以体现。

王建的叠字诗

唐朝诗人王建,河南许昌人,大历年间进士,官至待御史。平生官场失意,生活贫困。其诗以乐府见长,与张籍齐名。他以田家、蚕妇、织女等题材为诗,对于时政腐败和民众疾苦均有所反映。其中有一首调名《字字双》的诗,每句都用叠字:

宛宛转转胜不纱,红红绿绿苑中花。

纷纷泊泊夜飞鸦,寂寂寞寞离人家。

从现存诗词文献考证,这首诗是我国现存最早的一首叠字诗,弥足珍贵。

寒山的叠字诗

历代僧人在诗画创作上,多有一定的素养。寒山就是唐代一位著名的诗僧,不妨读他的一首叠字诗:

独坐常忽忽,情怀何悠悠。

山腰云缦缦,谷口风飕飕。

猿来树袅袅,鸟入林啾啾。

时催鬓飒飒,岁尽老惆惆。

寒山在这首诗中叠字连连,使山野景致富有动感,让人文情怀有声有色。

词曲的叠字诗意

李清照的名作《声声慢》,它的前三句就连用叠字:

寻寻觅觅,冷冷清清,凄凄惨惨戚戚。

这样的叠字句,通俗亲切,强化了情感的渲染,显示了李清照的一种创作风格。

元代著名戏曲家乔吉写过一首《天净沙》小令,通篇用叠字:

莺莺燕燕春春,
花花柳柳真真,
事事风风韵韵,
娇娇懒懒,
停停当当人人。

李清照的词连叠七字,而乔吉的曲竟连叠十四字,成为一首典型的叠字曲,似乎在形式上有发展,读起来颇有趣味,但它只是描写一个美人,未免意味肤浅。

郭沫若《颂北京》

郭沫若一生创作的诗词很多,可谓高产诗人。他曾写过一首《颂北京》,全是两两叠字:

坦坦荡荡,大大方方,
巍巍峨峨,正正堂堂,
雄雄赳赳,礴礴磅磅,
轰轰烈烈,炜炜煌煌。

郭老用响亮的叠字,把北京雄伟壮观的景象和气势表现得非常强烈。北京是中国的首都,说是"颂北京",其实也就是"颂祖国"。

第十节 诗词亦可回文

汉语中有一种辞格叫"回文",这是一种游戏性质的文体,古今随处可见。它刻意追求字序回环,使同一语句可以顺读,也可以倒读,别有一番风味和效果。例如,陶瓷茶壶盖上常见"可以清心也"的字句,无论从哪一个字开始读,都是一句令人愉悦的语句:"以清心也可""清心也可以""心也可以清""也可以清心"等等,都表达了饮茶的功能和情趣,不论怎样读,都是赞美壶中茶好,劝客人品饮。

壶盖上的回文　　　银行的广告

又如公益广告词，"人人为我"与"我为人人"，将两种截然不同的人生观进行对照，语意浅显而精当。银行的宣传广告"钱生钱"，倒读还是"钱生钱"，也可以读成"生钱钱""钱钱生"，这样颠来倒去，都表达要把死钱变成活钱。还有"你不理财，财不理你"等银行理财广告，统统是回文的范例。回文诗，也是回文的一种文学形式，颇有游文戏字的味道。

回文诗的要诀

回文诗，又称回环诗，是杂体诗的一种。其体裁很稀奇，不拘词序，顺读或是倒读都可成章句，故为一种特殊的文学形式。有的回文诗，是每一句本身可以倒顺回环，有的则是整首诗倒顺回环，甚至可以反复回旋，成诗多首。回文诗在文句组织和押韵上，的确独具高超的技巧，可称汉语诗歌一绝。所以说，它在趣味性、娱乐性上有着相当的价值，也不乏启智和美学的意义。但由于其遣词用字要顾及倒读（回文）成诗，其思想性的表达会受到一定约束，内容也会受到一些影响，姑且将之作为一种文字游戏和艺术

形式来欣赏。例如,有一首《飞花》回文诗:

处处飞花飞处处,潺潺水碧水潺潺。

树中云锁云中树,山外楼连楼外山。

此首七绝每句本身回环,顺读、倒读都不失意韵。古代回文诗很多,文坛名人不乏回文诗的创作高手,例如苏轼的《题织回文》(《织锦图》)、王安石的《碧野》,就是他们存世回文诗的佳作。

创作回文诗的要诀何在?主要考虑要能念得过去,又能读得回来。回文诗对韵脚、平仄、词意都有所讲究,都有一个翻来覆去的安排,组词很精巧,用字很精准。回文诗能流传如此久远,说明它有一定的艺术价值。

陈望道先生说:"出奇造作的回文,实在是难能而并不怎么可贵的东西。不过它也是汉语文的可能性——词序方面一种有意义的尝试,其成就如何,也像意大利未来派的自由语运动似的,颇可供我们借鉴。"回文诗,作为一种奇妙的文体,聊供赏玩的文字游戏是可以的,不失为一种乐趣。倘硬要勉强去做这种文体,写这种难以达意的回文诗作,实在大可不必。

趣读《盘中诗》

《盘中诗》呈圆盘形,相传是我国古代第一封回文诗信。它叙述汉代苏伯玉出使蜀域久久未归,他的妻子在长安用盘子撰写此诗寄给丈夫,诉说思念之情,诗句多为伤离怨别之词。据宋朝桑世昌编《回文类聚》卷二记载,全诗 168 个字,二七韵,主要是三字句,亦有部分七字句。整体排列于盘中,故名之。

盘中诗

《盘中诗》的写法与读法,乍看无处下手,按"与其书,不能读,当从中央周四角"的提示,便可从盘中央"山"字开始读,由此便可顺次阅读,断句成篇:

山树高,鸟鸣悲。泉水深,鲤鱼肥。

空仓雀,常苦饥。吏人妇,会夫稀。

出门望,见白衣。谓当是,而更非。

还入门,中心悲。北上堂,西入阶。

急机绞,杼声催。长叹息,当语谁?

君有行,妾念之。出有日,还无期。

116

君忘妾，未知之。妾忘君，罪当治。

妾有行，宜知之。黄者金，白者玉。

高者山，下者谷。姓者苏，字伯玉。

人才多，智谋足。家居长安身在蜀。

何惜马蹄归不数？羊肉千斤酒百斛。

令君马肥麦与粟。今时人，知四足。

与其书，不能读。当从中央周四角。

　　按语意，诗中个别字可能有误，如"未知之"似应为"天知之"；"知四足"似应为"知不足"。《盘中诗》的读写，有婉转回环之意，但不能倒读，所以说还不是真正的回文诗，只能说是回文诗的先导。

《璇玑图》传奇

　　《璇玑图》是一首长篇回文诗，它是怎么回事呢？《晋书·列女传》记载："窦滔妻苏氏，始平人也，名惠，字若兰。善属文。滔，符坚时为秦州刺史，被徙流沙，苏氏思之，织锦为回文旋图诗以赠滔。宛转循环以读之，词甚凄婉，凡八百四十字。"从这段史料知道，《璇玑图》回文诗是十六国时代前秦才女、诗人苏惠所作。苏惠是武功（今属陕西）人，陈留县令苏道质的第三女，她"识知精明，仪容秀丽，谦默自守，不求显扬"，长大到十六岁时出嫁，深得丈夫敬重。她的丈夫窦滔原是前秦苻坚手下的一位刺史，是右将军窦子真之孙窦朗之第二子，精通经史，能文善武，苻坚对他十分器重,因忤旨谪戍敦煌,即所谓"被徙流沙"。后因攻下晋之襄阳(379),复起用为安南将军,镇守襄阳。又因窦滔纳了偏房,夫妻为此反目,久无音信。苏惠思念夫君心切,便织锦文,以840字排成纵横29字方阵,纵横回环,皆成佳句,表达了缠绵凄婉之情。反复读之,可得诗上千首,可算得是回文诗中的巨著,故名曰《璇玑图》。

唐朝女皇武则天,鉴赏过《璇玑图》回文诗织品,特为它作《璇玑图序》,赞赏曰:"五色相宜,纵横八寸,题二百余首,计八百余言,纵横反复,皆成章句。"

窦滔接到《璇玑图》回文诗后,反复吟咏,不觉泪下,非常感动,他便把苏氏接到了襄阳。夫妻和好如初,恩爱有加。

《璇玑图》回文诗原本是840字,后人感慨其妙,便在它的正中央加入一个"心"字,成为现在广为流传的841字版本。苏惠的《璇玑图》轰动了她那个混乱的时代,世人争相传抄,试以句读,解析诗体,然能真懂的人寥若晨星。这首《璇玑图》回文诗,流传到后世,又不知难倒了多少文人。武则天着意推求,得诗200首。宋代高僧起宗,将它分解为十图,得诗3752首。明代学者康万民,苦苦钻研了一生,撰出《"璇玑图"读法》一书,说明原图的字迹分为五色,用以区别三、五、七言诗体。后来传抄者都用黑墨书写,无法分辨诗体,给解读造成了困难。康万民的《"璇玑图"读法》研究出一整套阅读方法,分为正读、反读、起头读、逐步退一字读、倒数逐步退一字读、横读、斜读、四角读、中间辐射读、角读、相向读、相反读等12种读法,可得五言、六言、七言诗4206首。每首诗都悱恻幽怨,一往情深,真情流露,令人动容。

《璇玑图》原文传抄的一种版本

　　现今从《璇玑图》中推断整理出来的诗，至少可达 3752 首，这里不妨从中取出几首来，作一番欣赏，品味苏惠的情感意境：

　　　　仁智怀德圣虞唐，贞志笃终誓穹苍。
　　　　钦所感想妄淫荒，心忧增慕怀惨伤。

这首诗又可倒读成另一首诗：

　　　　伤惨怀慕增忧心，荒淫妄想感所钦。
　　　　苍穹誓终笃志贞，唐虞圣德怀智仁。

119

这正反两首诗,都表达了女诗人对丈夫情感的忠贞,多方比喻,情深意切。

苏作兴感昭恨神,辜罪天离间旧新。
霜冰斋洁志清纯,望谁思想怀所亲!

这首诗,似是一位被"新人"取代的"旧人"吟出的幽怨和不平,但对于远方的夫君她依然怀着"霜冰"般的清纯亲情。

伤惨怀慕增忧心,堂空惟思咏和音。
藏摧悲声发曲秦,商弦激楚流清琴。

这首诗正读、倒读都可以,它描述了满怀哀思的人儿,独自坐在空寂的堂上抚琴,琴声起伏,时而呜咽如泉,时而激越如风,倾诉着抚琴人思潮涨落的心声。

寒岁识凋松,真物知终始。
颜衰改华容,仁贤别行士。

这首可回读的五言诗,用岁寒后凋的松柏做比喻,吐露她对丈夫矢志不渝的真情;倒回过来读,情绪更加激昂,感人至深。

谗佞奸凶，害我忠贞。

祸因所特，滋极骄盈。

这首四言诗，又把矛头对准那位夺她丈夫的赵阳台，斥其为"谗佞"，就因为赵氏的艳媚谗言，才使自己被丈夫弃留在长安，怎不让苏惠万般愤恨！

通俗小说《镜花缘》第四十一回载有《璇玑图》回文诗，有兴趣的读者可一睹其全文。全诗读起来如猜谜一般，为这部小说平添了奇趣。

这《璇玑图》回文诗与上述《盘中诗》，只是古代许多怪诗的两种，它们歪打正着，倾吐心中块垒。就诗品而论，虽不算佳品，但其文字排列组合甚奇，解读甚多，足见汉字的奥妙，令人叹为观止。

唐诗佳作《春日雪回文》

唐代潘孟阳的《春日雪回文》盛传诗坛，堪称回文诗的佳作：

春梅杂落雪，发花几时开？
真颜尽兴饮，仁里愿同来。

回文倒读，韵味亦旧：

来同愿里仁，饮兴尽颜真。

开时几花发？雪落杂梅春。

潘孟阳的朋友张荐，见到潘氏这首回文诗，也以回文和之，诗曰：

迟迟日气暖，漫漫雪天春。
知音醉欲饮，思见此交亲。

回文依然成诗，诗曰：
亲交此见思，饮欲醉音知。
春天雪漫漫，暖气日迟迟。

可见，回文诗在文学词语组织和押韵上，的确具有高超的技巧，可称汉语诗歌一绝。

李禺夫妻回文诗家书

宋朝诗人李禺，一度离家远游，因事耽搁，加上交通又不便，难以按时回家。这样日子一长，自然挂念家中妻儿，于是写了一封家书，托人带回了家。诗云：

枯眼望遥山隔水，往来曾见几心知？
壶空怕酌一杯酒，笔下难成和韵诗。
途路阻人离别久，讯音无雁寄回迟。

孤灯夜守长寥寂，夫忆妻兮父忆儿。

李禺的妻子，也是个诗文造诣颇深的才女，读了来信就急忙想回函，几经琢磨，便把丈夫的原诗颠倒过来，竟然成了妻思夫、儿思父的回文诗。读来十分合意：

儿忆父兮妻忆夫，寂寥长守夜灯孤。
迟回寄雁无音讯，久别离人阻路途。
诗韵和成难下笔，酒杯一酌怕空壶。
知心几见曾来往，水隔山遥望眼枯。

从这顺读、倒读的两首诗看，作者的身份、语气、背景都变了，然而男女之间的思念之情并没有变。这样的回文诗传达夫妻父子间的亲情，实是家书传奇。

宋庠的《寄范仲淹》框形回文

宋庠是北宋文学家，他善作回文诗，《寄范仲淹》就是一例：

矶

沙　滩

平　露

接　荻

阔　槁

野　微

麻　翠

乱　近

聚　开

萤　花

飞

此诗呈方框形式,亦可顺读、倒读,反复回环,能读出五言五首,还能读出七言两首:

矶滩露荻槁,微翠近开花。
飞萤聚乱麻,野阔接平沙。

沙平接阔野,麻乱聚萤飞。
花开近翠微,槁荻露滩矶。

花开近翠微,槁荻露滩矶。
沙平接阔野,麻乱聚萤飞。

滩露获槁微,翠近开花飞。

萤聚乱麻野,阔接平沙矶。

乱聚萤飞花,开近翠微槁。

获露滩矶沙,平接阔野麻。

平沙矶滩露获槁,获槁微翠近开花。

开花飞萤聚乱麻,乱麻野阔接平沙。

滩矶沙平接阔野,阔野麻乱聚萤飞。

萤飞花开近翠微,翠微槁获露滩矶。

这些反复回环读出的诗句,不单各自有一定的意境,而且都合乎平仄韵律,实在难得。

苏轼回文诗词四首

宋代大文豪、大书画家苏轼(苏东坡),他会写回文诗,也会填回文词,散文、书画的造诣都很高,而且作品也较多。例如《题织回文》一首:

春晚落花余碧草,夜凉低月半梧桐。

人随雁远边城暮,雨映疏帘绣阁空。

125

此诗的回文：

空阁绣帘疏映雨，暮城边远雁随人。

桐梧半月低凉夜，草碧余花落晚春。

还有难度更大、技巧更高的作品，例如《题金山寺回文》：

潮随岸浪雪山倾，远浦渔舟钓月明。

桥对寺门松径小，槛当泉眼石波清。

迢迢绿树江天晓，霭霭红霞晚（海）日晴。

遥望四边云接水，碧峰千点数鸥（鸿）轻。

此诗是通体回文，可从末尾一字倒读到开头一字，能够成为另一首新诗，不妨细细品味：

轻鸿数点千峰碧，水接云边四望遥。

晴日海霞红霭霭，晓天江树绿迢迢。

清波石眼泉当槛，小径松门寺对桥。

明月钓舟渔浦远，倾山雪浪岸随潮。

这种"通体回文"诗最难驾驭，有人把它称作"倒读诗"。创作这样能通体倒读的诗，文字功力了不得，并非人人都敢于创作，

苏轼是难得的一位高手。苏轼填词亦可回文,例如《西江月·咏梅》:

> 马趁香微路远,纱笼月淡烟斜。
>
> 渡波清彻映妍华,倒绿枝寒风挂。

这首词的回文:

> 挂风寒枝绿倒,华妍映彻清波。
>
> 渡斜烟淡月笼纱,远路微香趁马。

"西江月"是词牌名。此词写梅花傲霜抗寒的美姿。又如另一首词《菩萨蛮》:

> 落花闲院春衫薄,薄衫春院闲花落。
>
> 迟日恨依依,依依恨日迟。
>
> 梦回莺舌弄,弄舌莺回梦。
>
> 邮便问人羞,羞人问便邮。

"菩萨蛮"是词牌名。这词写落花衫薄,依恨问邮怀故人。此首《菩萨蛮》是上阕下阕随句反复,而上首《西江月》则是下阕上阕的倒读,各有特色。可见回文诗词的回文形式很多,要依其内容而定。

关于回文体,除回文诗、回文词以外,也有回文曲。《全清散文》一书中就载有回文曲,这里不再赘述,读者有兴趣可自寻读之。

吴绛雪环复《四时诗》

明代蒋一葵的《长安客话·皇都杂记》,录有清代才女吴绛雪的回文体《四时诗》:

> 莺啼岸柳弄春晴,夜月明。
> 香莲碧水动风凉,夏日长。
> 秋江楚雁宿沙洲,浅水流。
> 红炉透炭炙寒风,御隆冬。

这四句诗里,依次分别含有"春夏秋冬"四字,因此四句可以回环往复读成四季回文组诗。

春诗:

> 莺啼岸柳弄春晴,柳弄春晴夜月明;
> 明月夜晴春弄柳,晴春弄柳岸啼莺。

夏诗:

> 香莲碧水动风凉,水动风凉夏日长;

长日夏凉风动水，凉风动水碧莲香。

秋诗：

秋江楚雁宿沙洲，雁宿沙洲浅水流；
流水浅洲沙宿雁，洲沙宿雁楚江秋。

冬诗：

红炉透炭炙寒风，炭炙寒风御隆冬；
冬隆御风寒炙炭，风寒炙炭透炉红。

每首诗，以十字衍化为七言四句，回环读之而成，颇具四季风光变化的美妙。

李旸《春闺》就句回文

回文诗的回环方法很多，像清代文人李旸的《春闺》，则是一首"就句回文"的回文诗，其诗曰：

垂帘画阁画帘垂，谁系怀思怀系谁？
影弄花枝花弄影，丝牵柳线柳牵丝。
脸波横泪横波脸，眉黛愁波愁黛眉。
永夜寒灯寒夜永，期归梦还梦归期。

此诗回文有点特殊,每句前半和后半互为回环,每句用字自身对称,旨在强化意境。

朱焘七律回文成《虞》词

清代文人朱焘,字杏孙,写了一首赠友人的七言律诗《孤楼倚梦寒灯隔》,有趣的是它居然"诗词一体",非常奇妙,诗云:

孤楼倚梦寒灯隔,细雨梧窗逼冷风。
珠露扑钗虫络索,玉环围黛凤玲珑。
肤凝薄粉残妆俏,影对疏栏小院空。
芜绿引香浓冉冉,近昏黄月映帘红。

此诗回文,自然可以倒读成另一首七律:

红帘映月黄昏近,冉冉浓香引绿芜。
空院小栏疏对影,俏妆残粉薄凝肤。
珑玲凤黛围环玉,索络虫钗扑露珠。
风冷逼窗梧雨细,隔灯寒梦倚楼孤。

此七律顺读、倒读的意味效果明显不一样,但韵脚依然工整。更为有趣的是这首七律的句读稍加调整,又可以读成一首词《虞美人》:

红帘映月黄昏近，冉冉浓香引。

绿芜空院小栏疏，对影俏妆残粉薄凝肤。

珑玲凤纂围环玉，索络虫钗扑。

露珠风冷逼窗梧，雨细隔灯寒梦倚楼孤。

　　"虞美人"是词牌名，共 56 字。这首词也可倒读，读成一首新的《虞美人》：

孤楼倚梦寒灯隔，细雨梧窗逼。

冷风珠露扑钗虫，络索玉环围纂凤玲珑。

肤凝薄粉残妆俏，影对疏栏小。

院空芜绿引香浓，冉冉近黄昏月映帘红。

　　可见，这首《虞美人》，顺读、倒读都还是"虞美人"词，只是分句、标点不一样，趣味盎然，诗词一体，实是难得的佳作。

第十一节　　神智诗深含神智

　　历史上的诗词浩如烟海，其中竟有一些异乎寻常的诗，可以想象是某些诗人动了不少脑筋的。宋代就有一种神智诗，硬是用人工"设计"出来的。神智诗或叫"谜像诗""形意诗"，有神有智，有乐有趣。所谓"以意写图，悟人自悟，修养学问"，就是将一首诗按意写出图画，或是按其意安排一定字数，并将汉字排列成某种阵式；或写出像"图"一样的非常汉字，甚至拆解汉字，再让人去领悟，读出原诗来。这个过程，颇似看图猜谜。诗人的新奇设计启人心智，算是一种隐性的文字游戏！神智诗展示了汉字博大、丰富的变化性，这种智慧是世界上其他文字无法表达的。有的神智诗，借汉字的形体做出种种变化，以其大小、长短、正斜、横竖、圆扁、粗细、正反、断缺等手法，提炼出每句七言中的三个字，让读者会意、猜测而念出原诗，可谓其妙无穷。神智诗是汉字文化最具智慧与创意的表达，自古流传下来的并不多，十分珍奇。

苏东坡以《晚眺》戏人

翻阅古人的文字游戏书籍，知道比较出名的神智诗，有北宋苏东坡首开先河写出的一首《晚眺》，就是下面那 12 个异乎寻常的汉字。据说，这是苏东坡故意用来戏弄人、为难人的玩意儿，当年它就考倒了北方辽国的使者。

北宋苏轼神智诗《晚眺》

这是怎么回事呢？宋代桑世昌的《回文类聚》卷三中有记载："神宗熙宁间，北朝使至，每以能诗自矜（jīn），以诘翰林诸儒。上命东坡伴之,北使乃以诗诘东坡。东坡曰:'赋诗,亦易事也;观诗稍难尔。'遂以《晚眺》示之。北使惶愧莫知所云,自后不复言诗矣。"这个历史故事是说神宗熙宁年间,北朝有个使臣来到,人们谓之"北使",辽文是汉字的变体,能通诗词,所以此人总是以能作诗自夸自大,文句拗口地反诘翰林诸多文人,弄得大宋君臣上下很没面子。皇上特令大学士苏东坡陪同北使,此人就以诗诘屈苏东坡。苏大学士对北使说:"作诗容易,读诗稍难!"便拿出《晚眺》诗12个字(上图),要他读出七绝。那北使一看傻了眼,惶恐而惭愧得不知所云,从此再也不敢在宋人面前谈论"诗文"二字了。

这《晚眺》诗应该读作:

长亭短景无人画,
老大横拖瘦竹筇。
回首断云斜日暮,
曲江倒蘸侧山峰。

古汉字"畫",其中字素"田"的写法是内里为"人",故能读成"无人画";那"筇"字应读 qióng,是古书上说的一种竹子,瘦而直,可以制作手杖。这《七绝》全靠读那横七竖八的"怪字"衍生出来,实乃玄妙!

品鉴清人一首神智诗
宋代以后神智诗的设计手法,仍然在汉字的多方面变化上做

133

文章,把原诗隐藏在这几个歪歪斜斜、长长短短的怪字中。例如清代张起南的神智诗《有感》就表现在下面六个怪字:

清　张起南《有感》

张起南的神智诗《有感》,应该读成这样的诗句:

才大心细无人会,

石破天倾水倒流。

解读神智诗,正如苏东坡曾对北使所言:赋诗易而观诗难。读的过程伴有猜谜的情趣,就看你会不会猜。当然,读者的诗词功底还是最关键的,否则很难读出那些经典的诗句来。例如"石破天倾"一句,如果读成"石碎天歪"虽也近似字图之意,但韵味就大为逊色了。

猜读《一龙二凤镇三泉》

古代有一首神智体诗作,它另有一番异样设计,写作以下形式让读者悟读:

龙

凤凤

泉泉泉

山山山

水水水水

会

仙仙仙仙仙仙仙仙

湖湖湖湖湖

海海海海

为朋友

走走走走走走走走走

江河

川川川川　（这4个"川"字应倒写）

　　这首神智诗是什么意思呢？怎样读出它的本意呢？这需要反复领悟揣测才行。原来，该诗必须这样吟读：

　　　　一龙二凤镇三泉，

　　　　三山四水会八仙。

　　　　五湖四海为朋友，

　　　　久走江河到四川。

这四句诗的得来大致可以理解,唯其中的"镇""久""到"3个字的由来必须深入领悟,方可知晓是以"正"(三个泉字正写)谐"镇"字,以"九"(九个"走"字)谐"久"字,以"倒"(四个"川"字倒写)谐"到"字。这些字体的布置与悟解,显然都要靠创者与读者的神智了。

我国近现代诗坛的神智诗体虽少有发展,但仍有不少诗人创出不少神智诗佳作。中国科学院首任院长郭沫若,还有台湾省著名艺术家张建富先生,就是创作神智诗的出色代表。

第十二节　异峰突起逆挽诗

吟诗应有妙句,如果句句皆妙,反而变得不奇妙。有一种逆挽诗,前头有意不像诗,似是大白话的"败句",然而在平淡之后异峰突起,化腐朽为神奇,逆挽败局,令人惊讶,从而叹服!

这种诗,明代的《解愠编》又称之"前粗后细诗",意思是此类诗开头粗糙俗陋,结尾精细,奇异突起。

郑板桥冒雨祝寿献诗

郑板桥应友人李君邀请,冒雨赴宴祝寿。庆典中间,为添热闹,提倡献诗祝贺,亲朋好友都认为郑板桥的才艺高超,要他率先献吟。于是他提笔写道:

奈何奈何可奈何,奈何今日雨滂沱。

众人看着,面面相觑,都疑惑不解。只见郑板桥接着又写道:

> 滂沱雨祝李公寿,寿比滂沱雨更多。

大家看过,赞叹非常,赞美后两句韵味足,意境妙。由此,人们想到郑板桥还写过一首《咏雪》的诗:

> 一片两片三四片,五六七八九十片。
> 千片万片无数片,飞入梅花都不见。

这诗的前三句全在数数,平淡无味,毫无诗味,末尾一句猛见神奇,把前三句都救活了。这种诗文坛称为"逆挽诗",非常有名,历来为世人所称道。

朱元璋吟咏"金鸡报晓"

明太祖朱元璋,一次"酉"年喜迎新春,照例与群臣饮宴。席间约定以"金鸡报晓"为题作诗庆贺鸡年。朱元璋率先吟道:

> 鸡叫一声撅一撅,鸡叫两声撅两撅。

群臣一听,无不掩面窃笑,这哪里有诗味?朱元璋停了停,接着吟道:

三声唤出扶桑日，扫败残星与晓月。

众人听完，无不鼓掌叫绝。

解缙诗《画松》

明朝大臣解缙，洪武进士，官至翰林学士兼右春坊大学士，主修《永乐大典》。他有一首《画松》诗，前头三句粗陋到几乎不像诗：

磨尽一锭两锭墨，写出一株大枯树。
夜深老鹤急飞来，踏枝不着空归去。

但它的末句意外地使整诗突显奇妙，画上的枯松到深夜竟引来老鹤，它"踏枝不着"而空飞去了！这末句之所以传奇，表明解缙所欣赏的画中枯松，描绘得太逼真了，才使夜鹤误登枝头而失足落空"归去"了。

徐渭《长亭送别图》

明朝文学家、书画家徐渭，屡屡应试不第，浙闽总督胡宗宪聘其为幕府书记。他工诗文、书画，其草书和水墨画别具一格。他的《长亭送别图》题诗，别开生面：

東边一株柳,西边一株柳,

南边一株柳,北边一株柳。

愿借碧丝千万条,绾住斯人心不走。

诗中"绾"字是打结绕扣的意思,想借长长的柳丝缠绕住斯人的心,以表达长亭惜别之惜!

这首诗的前四句是重复的大白话,寡淡无味,而后两句逆转直下,情意缠绵深又长。

李调元诗咏麻雀

清朝有个名人李调元,一次去江西主考,公务结束回京时,州官在十里长亭设宴送别。席间,州官受举子们之托,站起来大声说:"久闻主考大人才高盖世,诗追李杜,今日有请即席赋诗一首,以壮行色,如何?"

李调元高兴地请州官命题。这时长亭檐边有不少麻雀在跳叫,州官便指雀说道:"请咏麻雀!"李调元略一思索,便吟出第一句:

一窝两窝三四窝,

众人一听个个掩口低头。李调元又慢慢念道:

五窝六窝七八窝。

有人再也忍不住,笑着问:"主考大人,这也是诗吗?"

李调元不予理睬,接着吟道:

　　食尽皇王千钟粟,

　　凤凰何少尔何多?

　　这后两句一出,众人无不惊讶,都觉得异军突起,大有起死回生之妙,意境特殊,韵味十足。与会者品吟之余,又觉诗意似有所指,讽刺辛辣,个个都觉得尴尬。

第五章

奇『联』妙『对』

对联作为一种特殊的文体，它的品种门类很多，以不同的形式传情达意，自古有数不胜数的佳作。其中有以娱乐为目的的对联，或客观上有文字游戏效果的佳作，对得奇，联得妙，给人以说不尽的情怀和趣味。

第一节　名人名联传奇

我国有许多文化名人，善诗善联，留下很多逸闻趣事。好的对联表现力强，足以引人作三日思，且觉其味无穷。仅明朝一代就有许多名人创作的趣联。

祝枝山的歧义对联

所谓"歧义联"，是在某种特定环境下，作者有意使语义模棱两可，或由于读对联时断句不同产生异解，从而使对联富有特殊效果。明朝祝枝山创作了这样一副对联：

此屋安能居住

其人好不悲伤

此联由于断句不同,就有两种不同的理解:一是"此屋安能居住?其人好不悲伤";二是"此屋安,能居住;其人好,不悲伤"。这两种意思根本不同,是完全对立的。

词有词性。汉语里的词,往往一词多性,如果将对联里的词性作不同的理解,也会产生歧义。例如:

庭前种竹先生笋

庙后栽花长老枝

按词性的不同,此联有两种不同理解。一是按名词解析:庭前种竹,其笋是属于先生的;庙后栽花,用的是长老的花枝。联中的"先生"是对人的尊称,"长老"是僧人中年长且德高望重者。如果把"先""长"当作动词,则有了第二种理解:庭前种竹,竹还未长成,笋先生出来了;庙后栽花,长得很快,早长出了老枝。

李自成少小智对拆字联

李自成是明末起义军领袖。

相传,李自成少年时代就颇具才志,当地府县官员都知其一二。一次,知府冯驯见到李自成,要当面考考他,看个究竟。冯驯便以自己大名为题出句曰:"冯二马,驯三马,冯驯五马诸侯。"其中所谓"五马诸侯",是古时知府、太守一级官员的别称,用在此处,表现出知府大人的高高在上。冯驯自以为是得意之作。

少年李自成听后想了想,随即大声对应,便成了一副好联:

伊有人,尹无人,伊尹一人元宰
冯二马,驯三马,冯驯五马诸侯

上联中的"伊尹",是商代著名贤相,曾助商汤灭了夏桀,是历史名臣。小小李自成如龙章凤句的对应,明显比冯驯的出句更加精彩。考虑到平仄韵脚,李自成应对的联语尾字"宰"为仄声,故做了上联。

解缙巧作"谜"联

明朝大臣解缙,洪武进士,先后主持修纂《太祖实录》和《永乐大典》,学识渊博,善诗善联,最喜欢制谜猜谜,时人誉称其为才子。解缙在少年时就已显露才华,因此有人想考考他,曾以南京"金水河"为关键词出一上联:

金水河边金线柳,金线柳穿金鱼口

解缙稍加思索,便对出下联:

玉栏杆外玉簪花,玉簪花插玉人头

这下联紧扣上联,对仗工巧,令出对子的人赞叹不已。据说,解缙曾在自家花园门口贴过一副小巧的门联：

话不老　镜中人

联旁还附了一行小字：中者进，惑者遁。说明此联是一则谜语，意思是猜中者请进花园，猜不中者恕不接待。那么，这个谜的谜底是什么呢？原来是"请入"二字。

细细一品，这则联谜很有味道。上联"话不老"，就是"讲讲不老的话"，"青"与"老"相对，"讲"即"言"，这"言""青"二字素合起来就是"请"字。下联"镜中人"，凡镜中景物与实体方向相反，既然如此，镜中的"人"字反过来看，就是"入"字了。再把上下联合起来念即为"请入"二字。细细思考，并不费解。

总之，亦谜亦联的形式很少见，要求比较高，除了要合"谜"的技巧，还应对仗工整、平仄合辙，因此解缙的这副谜联，堪称对联之上品。

"唐伯虎点秋香"的传奇对联

唐伯虎是明代大画家、大诗人，也是对联高手。他风流成性，看上了华府的丫鬟秋香，便自称落魄公子，卖身到华府为奴，改名华安，在华府当书童，伴公子华文和华武读书。

有一天，华太师带上两个儿子，还有教师爷和奴仆们出门春游。鸟语花香，触景生情，华太师便想出对子考考两个儿子的学业水平。于是他对着花花草草吟道：

蒲叶桃叶葡萄叶，草本木本

谁料这华文、华武哥俩是一对活宝，半天都对不出来，老师见自己的学生这般无能，十分尴尬，只好出来圆场，恭维太师，说他学富五车，出的联语是个"绝对"，蒲叶、桃叶的谐音是葡萄叶，草本木本又指出了所属科目，实在佩服之至！太师听了正沾沾自喜，却发现华安在一旁暗笑，诧异地问道："难道你华安还能对上吗？"

华安恭敬地回答："老爷叫华安对对，那我就试试看。"他边说边观察周边的花木，立马说："我有下联了！"随口吟曰，"梅花桂花玫瑰花……"华安到此语塞，不知该如何连接下一句，忽然看到他心爱的秋香姑娘，和另一个丫鬟春香正站在太师身边，大受启发，便脱口而出，对出了下联：

梅花桂花玫瑰花，春香秋香

华太师听了点头夸赞道："对得好，梅花、桂花的谐音是玫瑰花，春香秋香又指出了它们开花飘香的时节。华安，你对得好呀，回去我要奖赏你！"此时，华太师看着自己的两个愚钝儿子，心想怎么还不开化？不禁感叹：

鸡冠花未开

147

华安向教师爷瞟了一眼，紧接着叹道：

狗尾草先生

意思是学生没学好，要怪教书先生。这两句感叹居然又成了一副好对联，字面上说的似是花草及其生发的先后，其实都指的是人，上联指华文与华武，而下联讽刺的却是那位教师爷。

从此，华太师再也不敢小视华安了，知道这小子大有学问。但总以为他真的是个落魄公子哥，哪里想到他却是一代名人。唐伯虎在华府终于取代了教师爷的角色，在他的认真调教下，华文、华武的学业大有长进，并双双中了举。华太师为了报答华安，表示由他自选一个丫鬟为妻，成家立业。唐伯虎高兴地选了秋香，有情人终成眷属，从而成为文坛千古风流的美谈。

纪晓岚巧对奇联合圣意

纪晓岚是以博雅著称的清代名士，两朝重臣，素有"风流才子""诙谐大师"之誉。

公元 1784 年，纪晓岚主编的七部《四库全书》全部抄录完成。第二年恰逢乾隆皇帝即位 50 年大庆，皇上十分高兴，大宴群臣，还举办了轰动全国的"千叟宴"。应邀赴宴的老人有 3900 多人，都在 60 岁以上，其中有位老者说自己 141 岁。乾隆皇帝一听非常高兴，便对老人说："您老活了 141 岁，您是大清朝由入关到今天昌盛的见证人。"说罢,乾隆献词祝贺老人家,祝词曰:"花甲重开,外加三七岁月。"并以此为出句,要求在场的人对出下联。一花甲为60年,"花甲重开"即为120年,"三七岁月"即21年,相加正好141岁。这样的上联,对句可以说是很难很难的。纪晓岚却信口拈来下联:

古稀双庆,内多一度春秋

纪晓岚真不愧是大学士,对得堪称绝妙。俗语说"人生七十古来稀","古稀"即70岁,"古稀双庆"自然是140岁,再多一度春秋,也就是141岁了。此联看似是乾隆皇帝与纪晓岚以对联祝贺这位老者高寿,其实还有另一层深意,就是庆祝清朝繁荣昌盛,很合圣意。

转眼又过去了5年,即乾隆继位55年,正赶上乾隆皇帝80大寿,双喜临门。赴寿宴的大臣们无不争送寿礼,送什么礼品呢?山珍海味、珠宝珍玩,皇上什么没吃过见过?祝寿词,皇上从40岁就做大寿接受朝贺,什么妙词佳句没听过?因此大臣们为乾隆备寿礼和写祝词,弄得焦头烂额。到了祝寿大典那天,唯独纪晓岚没有奉献贺礼,他向乾隆拜寿说:"圣上大寿,普天同庆。微臣是读书人,别的没有,做个秀才人情吧,就贺您一副寿联。"于是他高声朗诵了一副对联:

八千为春,八千为秋,八方向化八风和,庆圣寿,八旬逢

八月

　　五数合天，五数合地，五代同堂五福备，正昌期，五十有
五年

　　乾隆皇帝一听此联念完，立马夸纪晓岚作得好，赏银千两。

　　这对联何以能值白银千两？好在何处？原来，这是一副联中
联。上联是给皇上拜寿，正好皇上生日是八月，又是80大寿，所
以纪晓岚用了6个"八"；下联是说乾隆盛世已55年，他又用了6
个"五"。极富奇趣的是，每句最末一个字连缀起来，又是：

　　春秋和寿月
　　天地备期年

　　这又是一副非常祥和的五言联，是两句对仗工整的祝福联
语。乾隆皇帝文化素养很深厚，对诗词书画都有兴趣，所以在高
兴中重奖纪晓岚是不足为奇的。

魏源九岁应试对出"拆字联"

　　魏源是清代著名思想家、文学家，从小就聪慧过人。他9岁
参加县城的童子试，试前老师不大放心，模拟出一上联要他应对，
练练其胆量，作为试前演练，小魏源应对自如。上下联是这样的：

　　闲看门中月

思耕心上田

"闲"字的本体为"閒",所谓"门中月"即此字所拆。而下联的"心上田",合起来就是个"思"字,据说小魏源对的这下联是受墙上《春耕图》的启发,机智发挥令人叫绝。

叶廷绾"重字"巧对赵礼甫

话说清代嘉庆年间,有雅士名赵礼甫者,此人喜欢创作集合字、重字于一体的趣联,以显才华,因此常有文士与他以联唱和。当年,他出过这样一句上联:"马宾王,骆宾王,马骆各宾王。"其依据是,唐代有位文学家叫骆宾王,同时又有一个大臣叫马周,其字亦为"宾王",故有人常称他为马宾王。所以说,这姓马的和姓骆的一样都叫宾王。此出句十分奇巧,从"马骆各"三字看,明显是字素拼拆游戏,难度很大,一时竟无人能对,连他自己也苦苦对不上了。

直至清道光年间,赵礼甫的"绝对"才算有了对句。当时皇上派大臣龙主僖和龚宝莲,分别出任云贵两省的主考官,此事激发了另一位雅士叶廷绾的灵感,因为这个人一直在默默关注此联,便一下子有了对句:

龙主考,龚主考,龙龚共主考
马宾王,骆宾王,马骆各宾王

细细琢磨此联，出句巧在"马骆各"，对句妙在"龙龚共"，拼拆有序，对仗工整，如此珠联璧合，真是妙趣天成。

华罗庚"多元素"妙对

宋卫东先生曾在《工人日报》上撰文《华罗庚妙对》，说的也是一种文字连缀游戏。1953 年，科学院组织出国考察团，由著名科学家钱三强任团长，团员有华罗庚、赵九章等十多人。途中闲聊，少不得谈古论今，纵观科学史上的是非得失，不时涉及中国文化的方方面面。一时间，著名数学家华罗庚，触景生情，拟出一句上联：

三强韩赵魏

这里说的"三强"，是指战国时代的韩、赵、魏 3 个强国，却又隐喻了代表团团长钱三强。上联一出，下联如何对，难度很大，不仅要有数字联的传统内容，而且在下联也要嵌入另一位科学家的名字。针对这样的难题，在座者跃跃欲试，但一时仍无对答。过了一阵，只见华老不慌不忙地续出下联：

九章勾股弦

这使满座惊叹，为之叫好。《九章》是我国古代数学名著，它首次记载我国数学家所发现的勾股定理，这里的"九章"又恰好是代表团另一位成员——著名物理学家赵九章的名字。

这副对联,算得上是多元素文化"连缀"的经典,可见老一辈科学家在传统文化方面的深厚素养。

第二节　难得的嵌名联

对联要求对仗和平仄,欲求联句中嵌入人名,无疑增大了制联的难度。过去作"人名联"的却很多,除了某种传情达意的需要,大多旨在寻求趣味。

李清照集句嵌名联

李清照,宋代著名女词人,以词名世,也善对联。她曾把当时两位名人的名字及其名句,集合连缀成一副非常工整严谨的对联:

露花倒影柳三变
桂子飘香张九成

柳三变即柳永,他在《破阵乐》一词中,有"露花倒影,烟芜蘸碧,灵沼波暖"的句子,因而人们就称柳永为"露花倒影"。张九成字子韶,他在呈宋高宗的对策中,有"澄江泻练,夜桂飘香,陛下享此乐时,必曰:'西风凄劲,两宫得无忧乎?'"的句子,故词人引以"桂子飘香"。全联的含义与韵味浑然一体,天衣无缝。

老舍的精彩人名联

剧作大家老舍先生，爱好很广，爱写小说，爱作诗，喜欢打拳、养花、养猫、旅游、说相声，还喜欢饮酒，所谓"文章为命酒为魂"。此外，制作对联，也算是他的一大爱好。

抗战期间，老舍一时兴起，别出心裁，曾引用现代作家的名字，作过两首五言律诗，其中有两联对得相当精彩。一联曰：

素园陈瘦竹

老舍谢冰心

"素园"即韦素园(1902—1932)，现代著名翻译家。果戈理的著名小说《外套》，是素园的译作。鲁迅对他的评价很高，鲁迅1924年任教北大时，主编的《未名丛刊》专刊译文，素园就是其主要译者。陈瘦竹是小说作家和戏剧评论家，1909年生于无锡，小说有《春雷》等，戏剧理论有《易卜生"玩偶之家"研究》等，新中国成立后就任南京大学中文系主任。谢冰心是著名的现代女作家，代表作有《寄小读者》等，影响了好几代人。

此联一语双关，"素园陈瘦竹"句，素园里生长着瘦竹，"素"与"瘦"为同义词；"老舍谢冰心"句，老舍很感谢冰心，"老"与"冰"亦近义。"素园""老舍"恰成巧对，"陈""谢"都可作为动词用。"陈瘦竹"对"谢冰心"，也很贴切。

茅盾戏作人名联

抗战时期,许多文化名人先后聚集到重庆,他们吟诗作对,时相往来。老舍先生非常赏识女作家凤子,对她的作品称誉有加,对其言论亦常附和。文艺理论家胡风偏爱画家高龙生的作品。老向、胡考等文化人亦常凑趣其间,他们每有聚会,便谈笑风生,妙语连连。茅盾先生对此情景,心有灵犀,曾作这样一副别开生面的人名联:

老舍老向凤子

胡风胡考龙生

上下联将6位文艺家的名字连缀成句,趣说着"老舍老向凤子、胡风胡考龙生"的生活事实。奇巧之处是把"老向""胡考"二人名字嵌入其间,似成动词,自然贴切,妙不可言。

第三节 罕见的递嵌联

嵌字的对联,自古很多,除了有首嵌、腹嵌、插嵌、尾嵌之外,还有一种很稀罕的递嵌联。所谓"递嵌",是将一个名称在上联中横嵌一部分,再在下联横嵌一部分,两联横嵌的字词合起来,构成一个系统,便是对联的真实含义。这种修辞手法与其他嵌字联一样,都是一种暗示,不过这里说的递嵌法更为隐秘,凡含蓄抒情甚或不便明说时，就用此法戏之。

咏叹"人面桃花"

所谓"人面桃花"，是一个典故。它指所爱慕而又不能再相见的女子，以及由此产生的怅惘心情。语出崔护诗《题都城南庄》，由唐孟棨《本事诗·情感》记载：

去年今日此门中，人面桃花相映红。

人面不知何处去，桃花依旧笑春风。

此诗追述一段颇具传奇色彩的故事："崔护……举进士下第，清明日，独游都城南"，到得庄内一户人家门口，寂若无人，长时间叩门后，终有一女子透过门缝发问：是谁呀？崔曰："寻春独行，酒渴求饮。"这女子开门，并送上一杯水，还搬上椅子让座。女子站在桃树下，颜面与桃花相映红，媚态动人。崔以言挑逗，她不说话，却脉脉含情。崔告辞时，她还送到院门外。第二年的清明节又到了，崔护忽然想起她，情不可抑，径往寻之，桃花掩映的门户依然如故，但那人面不知何处去了，令人惆怅。"人面桃花"的典很美，很有人情味，所以长期以来流传甚广。人世间的心酸事，往往是无独有偶的。有人也因"人面桃花"的伤感，便撰出一副表达此情的递嵌联：

人生百态，面对酸甜苦辣

桃境千姿,花开典雅芬芳

上联递嵌着"人面",下联递嵌着"桃花",合起来便是"人面桃花"。这副对联很含蓄,对仗工整,意蕴深长,堪称佳作。

讽袁氏"民国总统"

北洋军阀最高首领袁世凯,1907 年任清廷军机大臣、外务部尚书。1908 年被摄政王载沣罢职,1911 年辛亥革命时,受命为内阁总理大臣,他施展反革命两面手法,既诱使革命党妥协议和,又挟制清帝退位,遂窃取中华民国临时大总统职位,在北京建立了代表大地主、大买办阶级利益的北洋军阀政府。

1913 年,袁世凯派人刺杀革命党人宋教仁,并在取得"善后大借款"后,发动内战,镇压了孙中山领导的"二次革命"。后又解散国会,篡改约法,实行专制独裁。1915 年,袁世凯接受日本企图灭亡中国的"二十一条",以换取日本帝国主义对其复辟帝制的支持;同年底假借请愿之"民意",正式宣布恢复帝制,改中华民国五年为"洪宪元年",决定次年元旦即位。在此形势下的 1914 年,湘人王闿运应召赴北京任清史馆长,题赠袁世凯一副对联:

民犹是也,国犹是也
总而言之,统而言之

这是一副递嵌联,上下联各嵌词语的一部分,暗示其中的真实含义。上联顺次递嵌"民国"二字,下联顺次递嵌"总统"二字,合起来称袁世凯为"民国总统"。此联意有人说是恭维,有人说是讽刺。由于说法不一,王闿运又添上八个字改成新的形式:

民犹是也,国犹是也,何分南北?

总而言之,统而言之,不是东西!

这样,上联便提出民国为何要南北分裂?下联更一针见血地揭露大卖国贼袁世凯的行径,他不择手段地篡夺革命成果,所以王闿运毫不隐讳地责骂他这个"总统不是东西"。

第四节　有声有色的谐趣联

中国的文字天地,对联创作和运用占据了重要地位,而谐趣联的出现,常与文人会聚把酒谈笑于文字间有关。文人运用奇异的手法,在入联文字上大做文章,从而产生意想不到的谐趣效果。

笔画增减出新意的谐联

安徽省黟县西递村,是号称"家风村"的一处古村落。这里300多户人家,家家户户都把祖传家风体现在楹联上,高高地悬挂在门柱上,作为各自的座右铭。瑞玉庭古宅里有一副楹联,传说是"西递第一联",联曰:

快乐每从辛苦得

便宜多自吃亏来

　　这副楹联之所以"第一",是因为巧妙的谐趣盖世无双,它在入联关键文字的笔画增减上做足了文章,用心良苦,耐人寻味。增加笔画表现在上联的"辛"字上,多写了一横,寓意"要用多一些辛苦换得快乐"。增减笔画表现在下联中,从"多"字上取下一点,添加到"虧"(亏)字上,寓意"吃小亏可占大便宜,但亏只能吃一点,吃多了人家会说你是冤大头"。这似是家风文化的另类呈现,稍加点拨,趣从中来。

偏旁部首相对趣

　　古代文人聚会,吟诗作对,总喜欢玩一玩文字游戏。其中有一种对联,用同一偏旁部首的字相对,局限性很大,难以应对。一旦创意成功,则趣味浓郁。有人曾出这样一句上联:"烟锁池塘柳。"五个字的偏旁分别为金、木、水、火、土五行,堪称绝对,在漫长的岁月中无人能对。直到乾隆年间,才子纪晓岚终于对出了个下联:

板城烧锅酒

　　纪晓岚对的下联,五行偏旁倒是齐备了,但联意全无。直到

晚清西方列强瓜分中国时,才有人根据战火硝烟的情景对出令人满意的下联:

炮镇海城楼

这下联之所以令人满意,就在于它反映了现实,"炮镇海城楼"正是中国人民抗击帝国主义入侵的炮声!

谐音经典联翻新成趣

昔日,民间流传一副经典谐音趣联:

童子打桐子,桐子落,童子乐

丫头啃鸭头,鸭头咸,丫头嫌

"童""桐"和"落""乐"相谐,"丫""鸭"和"咸""嫌"相谐,意境也很形象生动。

1981年,《中国青年报》曾以该上联"童子打桐子,桐子落,童子乐"为题,征集下联,结果应征者多有妙对。例如:

童子打桐子,桐子落,童子乐

玉头起芋头,芋头枯,玉头哭

"童子"指儿童,"玉头"是人名。上下联对仗恰当,用词都谐

160

音、押韵。

还有另外的下联,诸如"和尚游河上,河上幽,和尚忧"等等。以谐音制联,让经典翻新虽有难度,但它谐出了对联的新意向。

第五节　餐饮联有滋有味

品茶饮酒是中国人的生活必需,茶是"开门七件事"中的一件,酒更是喜庆和宴请必不可少的饮品。茶馆品茗,酒楼碰杯,意在享受其中的娱乐氛围和特殊的社会功能。三五友好,谈天说地,吟诗对对,交流信息,其乐无穷。中国的茶文化、酒文化源远流长,茶酒对联是联苑中的一朵独具风采的奇葩。

临安太白楼酒联

南宋时期的临安,即今日之杭州,太白楼是当年远近闻名的大酒店,这里有一副引人注目的楹联:

交不可滥,谨防良莠难辨

酒勿达醉,慎止乐极生悲

酒乃助兴活血之物,少饮增加情趣,有益健康,过量则适得其反;小则醉狂失礼,大则伤身误事。正如交友,友情是宝贵的财富,若任意滥交,良莠不辨,深浅无度,不仅耗费精力,还会后患无穷,受其连累。可见,此联的教化作用很强。

广州陶陶居酒联

广州有一个闻名的酒楼叫"陶陶居",它是采用历史名士陶潜、陶侃的"姓"命名的。酒号还引用两陶之德行撰有一副楹联:

陶潜善饮,易牙善烹,饮烹有度
陶侃惜分,夏禹惜寸,分寸无遗

陶潜,即东晋文学家、诗人陶渊明,少好读书,兼谙玄佛,曾任州祭酒、参军,后为彭泽令。因不为五斗米折腰,他毅然解印去职,归隐田园。生活简朴,饮酒有度,所作诗文多描写农村景物。《归田园居》《桃花源诗》《饮酒》等为其代表作。陶侃是东晋大臣,早年孤贫,任郡县官吏有志操,后转为广州刺史,勤于职守,常勉人爱惜寸阴,毋醉饮赌博。古人重视饮食有度,因为暴饮狂食有损健康;古人珍惜时光,因为虚度年华会消磨意志。"陶陶居"作为大酒店,能有这样的楹联教化顾客,难能可贵。这副楹联对今人仍然深有教益。

福州南门茶亭楹联

福建省福州南门口有一个茶亭,亭内悬有一副妙趣横生的茶联:

山好好,水好好,入亭一笑无烦恼

162

来匆匆,去匆匆,饮茶几杯各西东

上下联的句内,叠字连用,前后押韵,朗朗上口。此联之意,是请你在好山好水中休闲,饮茶,通俗易懂;深一层的意思是教人淡泊名利,陶冶情操。

竺仙庵品茶拆字联

拆字联,根据汉字结构特点,把字拆开,又巧妙地组合在一定意义的语句中。它巧夺天工,妙趣横生。例如竺仙庵品茶的拆字联:

品泉茶,三口白水
竺仙庵,二个山人

此联文字游戏的意味很浓,上联将"品"字拆成三个"口","泉"字拆成"白水";下联把"竺"字拆成两个"个","仙"字拆成"山人"。上下联所拆之字自然工整,表达了闲适自然的心态。

吴光八里店茶亭楹联

浙江省吴光八里店有一茶亭,亭柱上有一副楹联,曰:

四大皆空,坐片刻无分尔我
两头是路,吃一盏各自东西

163

这副对联既写了眼前景致,又含佛道禅理,可算妙手佳作。

蜀地店家茶酒联

四川是天府之国,素来讲究茶酒。成都的茶馆尤其兴盛,世人盛传一种说法:"茶馆小成都,成都大茶馆。"曾经有一家茶馆,兼营酒业,但生意清淡。后来,店主人请人撰写了一副楹联贴在店堂前的柱子上,联曰:

为名忙,为利忙,忙里偷闲,且饮两盏茶去
劳心苦,劳力苦,苦中作乐,再拿一壶酒来

此联道出真言实感,贴近生活,雅俗共赏,人们交口相传,引得茶客酒友慕名前来,结果小店的生意火红起来。

第六节　欢乐的戏剧联

千百年来,从官府到民间,每逢喜庆,或迎神打醮,都会演戏助兴,增添热闹。可以说,戏剧的实质就是"做戏"的艺术,所以表现戏园戏台的对联就极富嬉戏的效果。昔日梨园戏楼的奇联妙对颇多,改革开放以来,随着文化振兴,戏联更显一派生机。

一副副典型戏联

很久以来,社会上流传的戏联很多,也十分经典。例如戏台

的台口柱子上,装饰性的楹联是少不了的,有的文字含义就十分隽永而特殊。例如:

方寸地可作万里江山

片刻间演出千秋故事

不过寥寥十几个字,却夸张地描绘出小小戏台的一种奇特作用。又如:

你下场后他上场,世事从来若此

此正派而彼反派,人情大抵如斯

此联将戏剧角色活动与社会现实的人情世事相比拟,耐人寻味。

湘阴石塘的草台戏联

湖南花鼓戏很有名,民众喜闻乐见。1978 年,湘阴石塘乡农民为观赏花鼓戏演出,临时在草地上搭戏台,为十里八乡的农民送来娱乐。有人临场为台口撰写对联一副:

以花月唱花鼓,五花六花,原是花花世界

就草地搭草台,七草八草,总归草草生涯

此联修辞也可谓"连环法"的一种,上联连环的是"花"字,下联连环的则是"草"字。其语意似含怨怼,话带讥讽。因为有人讥笑花鼓戏是"淫戏",所以有"花"呀"草"呀的词。其实,湖南花鼓戏是很有特色的一种地方戏,接地气,有色有声,观众欢乐无限。若就一抒情怀、痛快淋漓而言,另有一联倒是直截了当地为花鼓戏打抱不平。联曰:

文以载道,剧以传情,谁言花鼓是淫戏?

东边日出,西边雨淋,莫说无晴却有晴!

此联对仗工整,平仄押韵。含蓄之处更在下联,所谓"莫说无晴却有晴",说的是天气,其实"晴"与"情"相谐,要表达的则是"莫说无情却有情"。

吴祖光为二人转撰联

东北二人转,通常是男女二人搭档演出,一个演员可扮演几个角色,又武又文,且歌且舞,生机蓬勃。改革开放以后,二人转也在改革中推陈出新,革去了某些不恰当内容,更显高雅,在思想上、艺术上有了明显提升。著名剧作家吴祖光先生曾认真地看过二人转演出,挥毫为它写了一副对联:

删繁就简二人转

以少胜多单出头

这副对联韵律齐整，对仗工整，它从美学角度概括出一条艺术规律，以示赞美。

梅兰芳喜欢的一副戏联

我国著名戏剧大师梅兰芳，一生为中国京剧做出了杰出的贡献。京剧演唱离不开默契配合的琴师。梅先生的一位琴师，名叫徐兰沅，是梅先生的姨夫，颇有文化素养，他曾告诉梅先生一副对联：

看我非我，我看我，我亦非我
装谁像谁，谁装谁，谁就像谁

此联创作手法之高妙，在于运用了"顶针格"的修辞法，又称连环法。它使下句开头的字和上句收尾(或近于收尾处)的文字相同。本对联所用的是同字连环法，即上下联中用以连环的字仅各有一个相同者，上联连环的是"我"字，下联连环的是"谁"字。这副对联用了"顶针格"，颇有些难度。它表现的题材是诠释演员的技艺，很有意味。

梅兰芳非常喜欢这副戏联，久久不能忘怀。他这样评论说："里面只用了八个单字，就能把表演的技艺描写出许多层次来。"

第七节　怪异的叠字联

叠字联是制联一格,联句中某一字或多字重叠出现。这种"重叠"运用,可以连续,也可间歇不连续,欲对仗工整而意境合理,写作上有相当的难度。

杭州景点"音趣联"

浙江杭州九溪十八涧,有山有路,有树有水,风景奇异,令游人在视觉与听觉上都有异样的感受,音形共谐,因此这一景点有一副叠字趣联:

　　　　重重叠叠山曲曲环环路
　　　　高高下下树叮叮咚咚泉

杭州另有一处,花神庙,也有一副叠字音趣联:

　　　　翠翠红红处处莺莺燕燕
　　　　风风雨雨年年暮暮朝朝

此联写景生情,多姿多彩,有景物,有空间,有时间的表达,别具一格。

"木匠造枷枷木匠"

清康熙年间,安徽桐城县举子戴名世进京赶考,在过江的船上听大家议论一个木匠犯法的事。据说木匠曾为县衙造过多副木枷,没想到今天却套上了自己造的枷锁,众人齐声说"木匠造枷枷木匠",是应验了"自作自受"这句俗话。当时船上的艄公就用"木匠造枷枷木匠"做上联,指名要戴名世来应对,说他是举人,有学问。他冥思苦想,怎么也对不出下联。

多少年后,戴名世中了进士,入选了翰林。后《南山集》案发生,因该书涉及"反清"内容,戴名世被捕,并被判了死刑。临刑前,朝廷派来一名翰林临场监斩。戴氏一见同事来做监斩人,无限伤感,他猛然想起当年船上没有对出的叠字联,一句让人落泪的下联终于脱口而出,成全了这副对联:

木匠造枷枷木匠

翰林监斩斩翰林

这副对联实在毫无娱乐可言,只说明叠字联相当难对,戴名世经过了多少年,最后还是在生死场上才对出的。

回文叠字兴趣联

回文叠字的游戏形式,表现在对联创作上,难度更大。例如,北京大佛寺的一副楹联,就有回文、叠字的双重意趣:

客上天然居居然天上客

人过大佛寺寺佛大过人

传说这副庙联颇有点来头,说上联原是清朝乾隆皇帝为北京一家名为天然居的饭馆作的回文对联:"客上天然居,居然天上客。"意思是说顾客到天然居就餐,没料到居然成了天上客,意为受到很高级的招待。乾隆皇帝作此对联后很得意,竟将它当成上联,向大臣们征求下联,长时间无果。唯有机智的大学士纪晓岚想到北京城东大佛寺里的大佛,终于对出了下联,成全一副叠字回文新联,其含义不言自明。

江苏无锡的锡山,有人为它制作了一副回文叠字联:

无锡锡山山无锡

平湖湖水水平湖

第八节　鲜见多趣的叹词联

作者在写文章时,为了表达某种强烈而特殊的情绪,常用感叹词,例如唉、呀、哼、呸等等。创作对联,非用感叹词不可时,也不例外,这就是所谓的叹词联。汉语中的叹词很少,对联中的叹词联尤其少,但它颇具特殊的风味。

"呵呵呵"对"是是是"

昔日官员在私下里相处时,常有各种规矩与忌讳。除皇上之外的各级官吏,常常需要扮演两种角色:在上司或高官面前,他们是不折不扣的奴才;然而在下属或臣民面前,他们又是主子。扮演两种角色时,不仅称呼不同,连神态、身姿也大不一样。有一副讽刺知府的对联,对此就有所描绘,联曰:

> 见州县则吐气,见道臬则低眉,见督抚大人茶话须臾,只晓得说几个是、是、是
>
> 有差役为爪牙,有书吏为羽翼,有地方绅董袖金赠贿,不觉着笑一声呵、呵、呵

此讽联中的"州县"指知州、知县,不过知州中的直隶州知州相当于知府,散州知州相当于知县;而"道台"是省(巡抚、总督)与府(知府)之间的地方长官;"臬台"即按察使,是掌管一省之司法、监察等事项的官员;"书吏"是官署吏员的总称。此联将知府的两种角色做了入木三分的描绘。

讽道光朝臣的"叹词联"

历朝历代的皇帝,无不独掌至高无上的权力,所以很难见到有谁敢跟皇上开个玩笑(当然宫廷演丑角的优伶例外),更别说讽刺了。但到了清朝末年,这个禁区被打破。

第二次鸦片战争对旧中国的打击太大了,差不多从这时起,步入老年的道光皇帝像众多老人一样,耳根怕烦,贪图清静,"恶闻洋务及灾荒盗贼事",怕听这些烦心的乱事。于是善于体察皇上心情的大臣,尤其是军机大臣也就报喜不报忧,对那些扰乱皇上心绪的坏事,就千方百计地封杀言路,掩盖真相,专拣喜庆的、让人高兴的好事说给道光皇帝听。针对这一掩耳盗铃的怪现象,当时有人撰了一副讽刺对联:

> 著、著、著,祖宗洪福臣之乐
> 是、是、是,皇上天恩臣无事

这是一副讽刺道光朝君臣的对联。"著"即"喳",与下联中"是"的意思相同,都是"臣明白""臣遵旨"之类的应答声。面对积重难返的朝政和风雨飘摇的江山,道光皇帝无计可施,只求耳根清净,安度余生,而那些肩负辅佐皇上治理国家重任的大臣,落得个轻松,借此安享快乐。难怪这些人在皇上面前,凡事一味点头称是,应付交差。殊不知,他们的这些作为其实是合力为清王朝挖掘坟墓!

第九节　趣味集句联

集句联的制作,需要一定的文化功底,它的特色是引经据典,集名著名句之大成。

丘机山巧借"孟句"对对

丘机山是北宋初年的著名文人,诙谐滑稽闻名于世。有一次,几位秀才与丘相聚,故意要作难于他,以"五行"出一上联,要丘作对。丘出奇制胜地对了下联:

五行金木水火土
四位公侯伯子男

古代君主封贵族以等级,即爵位为公、侯、伯、子、男,本应五位,怎么丘机山的下联作"四位"了呢?原来,他巧借孟子的一句话:"公一位,侯一位,伯一位,子男同一位。"这"子男同一位"的意思,是一个人同享了"子""男"两个爵位,故"四位"也。他能这样集句,以"四位"对"五行",难能可贵!

讽朱惠之的集句挽联

清代光绪年间,有个贪官叫朱惠之,他削尖了脑袋攀上时任督办八省膏捐大臣的柯逢时,谋得一个湖北膏捐委员的美差。所谓"膏捐",就是鸦片税收。朱惠之谋得此差之后,为捞回行贿的成本,便聚敛更多钱财,借筹军饷之名,在膏捐之外又巧立名目,增设商铺门面税、烟酒糖各种税,以此向上邀功,并借机中饱私囊,湖北民众深受其害。朱某一死,当即有人写了一副这样的讽刺挽联,进行抨击:

门面有税,膏捐有税,烟酒糖有税,

画策无遗,求也可使之富

左右曰贤,国人曰贤,诸大夫曰贤,

盖棺论定,今之所谓良臣

联中"求也可使之富"一语,改《论语·雍也》句而成,原文为:"求也可使从政也与?"原文的"求"字指孔子弟子冉求,联中借指朱惠之氏,也有另一层"谋求"之意,一字双关。至于"今之所谓良臣"一句,出自《孟子·告子下》,原文为"今之所谓良臣,古之所谓民贼也"。此联引用经典的意思很明白,朱氏为巴结上司,谋求一己之富,聚敛百姓之财,挖空了心思,虽得到朝廷和上司的嘉许,被称为"良臣",但对百姓而言,却是一个"民贼"。

两副有文采的烹饪联

自古以餐饮烹饪为内容的对联,多之又多,但引经据典的不多,有这样一副名联:

治若烹鲜唯庄子

才同宰肉有陈平

这是一副精妙的双关联,借用双关以表达丰富的含义。《老子》一书中夸庄子才高,说他"治大国若烹小鲜";《史记》中说丞相陈平年轻时,曾为全村人分肉,分割得十分均匀,他自谓如果"得宰天下,亦如是肉"。上下联都是以厨师高超的烹调技艺暗示了从政治国的才能。

还有某餐馆一副烹调对联,用典恰到好处,联曰:

忆到新莼鲈可脍

时陈香稻蟹初肥

此联之妙,在于用了一个著名的典故:晋代有一个名叫张翰的文人,在异乡做官,有一年秋风乍起,使他突然想念起家乡苏州的莼菜和鲈鱼,于是他叹道"人生贵得适志",便使驾而归。这位文人为了再品家乡风味的莼菜和鲈鱼,连官也不做了,驾一叶轻舟,回原籍苏州老家去了。此等乡愁情趣,不禁令人莞尔。

陈毅集"杜诗"名句成名联

四川成都杜甫草堂,有一著名楹联为陈毅元帅所撰,是集杜甫诗句而成,联曰:

新松恨不高千尺

恶竹应须斩万竿

很明显,此联是针对草堂景点的松竹,有感而发。唯恐游人不解,陈毅还独具匠心地加上一段跋语:"此杜诗佳句,最富现实意义,余以千古诗人,诗人千古赞之。"可谓别出心裁,富有新意。

民众哀挽周恩来

1976年1月8日,周恩来总理病逝,举国哀悼。无数挽联中有一副这样写道:

千秋青史,不忍魂去

寸草春晖,难报恩来

此联凄婉动人,落笔不俗。上联对总理逝世表示了无比沉痛。尽管他的英名永垂青史,千秋不朽,万世流芳,但人民怎么也舍不得("不忍")总理离世("魂去"),充满了无限的眷恋之情。下联表述人民对周恩来无比崇敬。唐代诗人孟郊《游子吟》有:"谁言寸草心,报得三春晖。"意思是说,子女对母亲的心意,不能报答母亲对子女的爱于万一。此联化用孟郊诗句,把周恩来比作母亲,这足以体现中国人民对他的热爱。

挽联嵌"恩来"二字,确是神来之笔。一是"恩"字既与"寸草春晖"配合得自然贴切,又体现人民对周总理感恩戴德;二是"来"字与上联尾字"去"相对扣合,意如天成。此联堪称当代联苑集名、集句的佳作。

成语俗语集句联

传统集句对联,多为经典诗词名句集成,然而也有选集成语、俗语的现成语句为对联,更显通俗易懂,有情有趣。《巧对录》等联语书中就录有此类对联,非常有趣。例如:"瓜熟蒂落"对"藕断丝连";"隔靴搔痒"对"画饼充饥";"守株待兔"对"打草惊蛇";"风吹草动"对"日晒雨淋"。下面一副俗语联,平易质朴,却深含哲理:

靠山吃山靠水吃水
种豆得豆种瓜得瓜

有一副俚俗对联,语句十分有趣味:

母鸡下蛋,"谷多谷多"只有一个
小鸟上枝,"醉酒醉酒"并无半杯

此联虽俗,但对仗十分工整。"谷多谷多""醉酒醉酒",是模拟母鸡、小鸟的啼鸣声,细细品味会发现,此联实际上是嘲笑那些好说大话、虚情作假的人,意在言外,耐人寻味。

郭沫若先生曾集一成语联于北京琉璃厂文化街,联曰:

众志成城,众擎易举
百花齐放,百家争鸣

此联含义,与琉璃厂文化街的文化氛围十分贴切。全联对仗

极为工巧,不仅为当句对,上下联对仗亦工;联句的首字"众"与
"百"在当句中重复,给对联造成一种工巧的效果,很值得玩味。

第六章

谜乐万家

"谜"为何物？中国人自古朝野上下，都喜欢以"谜"取乐，乐在万家。千百年来，每年的元宵节灯会，各种花灯上都有各式各样的谜语，谓之"灯谜"，让游人在观灯的同时，还竞相猜射谜语，乐在其中。这算是谜乐万家最集中的表现。

第一节　"谜"为何物

　　我们不急于给"谜"下定义，还是从"谜"的故事中认识它，了解它。不妨先欣赏一则关于"谜语"的谜语。

"谜"语的谜语

　　据传清代某年元宵节，纪晓岚精心为皇宫灯会制作了一副含"谜"的对联，贴在文华殿的宫灯上，格外显眼，引起当时正在观灯的乾隆皇帝和大臣们的浓厚兴趣，但皇上和文武随从都猜不出来。谜联是这样：

　　　　黑不是，白不是，红黄都不是，

　　　　和狐狼猫狗仿佛，既非家畜，又非野兽。

诗也有,词也有,论语上也有,

对东西南北模糊,虽为短品,却是妙文。

结果怎样?还是纪晓岚笑着揭开了谜底:上联中说"黑不是,白不是,红黄都不是",指"青"字;"和狐狼猫狗仿佛"暗寓"豸"字旁,合起来是个"猜"字。下联说"诗、词、论语"几个字共有的,是个"言"字;"对东西南北模糊"的,则扣"迷"字,合起来是"谜"字。此谜的谜底就是"猜谜"二字。可见,谜语的制作是以特有的文字形式,曲径通幽,柳暗花明,引人入胜。猜谜就像打虎一样有一定的难度,故又叫"射虎"。

猜谜是种智力运动

谜语历史悠久,在古代最初被称为"瘦辞""隐语"。《文心雕龙·谐隐》说:"自魏代以来,颇非俳优,而君子嘲隐,化为谜语。"究竟起于何时,已难查考。"暗示"是谜语的特性,它不直截了当、明明白白地说话,而是隐晦曲折、拐弯抹角地叙说。这是一种独特的文学形式,是一种语文技巧,也是一种文字游戏,更是一种文娱性智力运动。

猜谜,既是一种智力游戏,也是一种知识竞赛,无知者将无从下手,望尘莫及。例如:

此物生来最稀奇,身穿三百多件衣,

每天给它脱一件,年底只剩一张皮。

（谜目：猜一种文化用品）

（谜底：日历）

　　没有用过甚至未见过日历的人，他会无法理解"每天给它脱一件"衣服，是每天撕去一页日历纸的比喻。又如一位老中医看了京剧《空城计》之后，颇受启发，为行医号脉制作了一条谜语：

　　三指弹琴，手听声音；
　　你的心事，我都知情。

（谜目：打一种职业活动）

（谜底：中医诊脉）

　　对此，倘若缺乏中医诊断常识，未见过以指诊脉的情景，这条谜语读者势必无法猜中。总之，猜谜除了要有谜语知识外，还要有广博的知识，思维要灵活，善于逆向思维、多向思维和发散思维。

第二节　古人谜语故事

　　据民俗学大师钟敬文先生考证，早在传说中的黄帝时代，谜语就已经出现了，只不过古人最初称之"隐语"。例如有一首最古老的《弹歌》，文学史家一直将它作为诗歌起源的例证，钟老说这就是远古时代的谜歌。此后的历朝历代，朝野文人乃至民间百姓都喜欢隐语的含蓄。无怪年年岁岁元宵佳节涌动的人潮,除了为了观看灯彩,也为了享受猜射灯谜的欢乐。

古之隐语,据考证最先出现于战国末期荀子的文章中,所谓:

> 托地而游宇,友风而子雨,
>
> 冬日作寒,夏日作暑。

此则隐语说的是"风",而它不直接说,显然是谜的形式。至于谜语被称为"灯谜",始于北宋时的元宵节灯会,把谜语贴在花灯上,既可观灯又可猜谜。《武林旧事》这样记载:"以绢灯翦写诗词,时寓讥笑,及画人物,藏头隐语,及旧京诨语,戏弄行人。"这说的就是灯谜。

谜界有个祖师爷叫东方朔

东方朔,西汉大臣、文学家,今山东惠民人,性情诙谐滑稽,精通诗文,善于辞赋,尤其擅长谜语。他制谜、射谜都是高手,谜界公认他为祖师爷,东汉史学家班固称他是"一代隐语之中心人物",世人都说他"开后世谐谑之端"。

当年有一位儒士郭舍人,因东方朔名噪一时,便制作了一则谜语想考一考他。谜面曰:

> 客从东方,且歌且行。
>
> 不从门入,逾我墙垣。

游戏中庭,上入殿堂。

击击拍拍,死者攘攘。

格斗而死,主人被创。

（谜目：打一种害虫）

东方朔马上猜出谜底是"蚊虫"，但他不说出来，却又打了一个谜语要郭舍人猜：

长喙细身,昼匿夜行。

嗜肉恶烟,掌所拍扪。

（谜目：打一种害虫）

两人相视，会心地笑出声来，原来两人出的两则谜，是同一个谜底，东方朔的谜面比郭舍人的更精彩。

曹操是位制谜高手

三国时的曹操，是政治家、诗人，也是一位制谜行家。据传，有一年秋天，天高气爽，曹操领着两个儿子郊游，在野外嬉戏中他制了一则字谜，让曹丕、曹植试猜，谜曰：

一对候鸟晴空飞,一只瘦来一只肥。

一年四季来一次,月月见君啼三回。

（谜目：打一个汉字）

这是一个什么字呢？曹植不愧为才子，结果他猜着了，是个"八"字。八字两画，一撇写得细些，一捺写得粗些，谓之瘦肥两只鸟，形象生动；一年只有一个八月，每月却有初八、十八、廿八这三天。这则字谜可谓抽象概括，构思巧妙。

曹操的女婿大名叫丁仪，在择贤婿的过程中，曹操是颇费了一番心思的。其中就曾用谜语考察过丁仪，曹操所出的谜语有这样两则：

一字九横六竖，问遍天下不知。

有人去问孔子，孔子想了三日。

（谜目：打一个汉字）

道士腰间两柄锤，和尚肋下一条筋。

就是平常两个字，难倒不少读书人。

（谜目：打两个汉字）

这是两则字谜，曹操出得都很刁很滑。第一则的谜底是个"晶"字，它的刁滑之处在于把孔老夫子抬出来了，连他老人家都想了三日，其实"三日"成晶，谜底已说得再明白不过了，但这是障眼法，让猜者反而更蒙了。第二则的谜底是"平常"二字，故意说"就是平常两个字"，这也是障眼法，明明告诉你了，却不叫你朝"平常"这二字本身去想。"道士"用的是谐音"倒士"，"士"字倒过来在中间加两点,自然成了"平"字。"一条筋"的谐音是"一条巾",这样在"尚"字下面添一条"巾",自然成为"常"字了。丁仪确乎不是平常之辈,他很快猜出这两则字谜的底。曹操探察出沛人丁仪的才学颇不一般,便将女儿许配给了他。

"二王"对谜

"二王"是说两位姓王的谜家,一位是王安石,另一位是王吉甫。王安石是北宋重臣,不仅是一位政治家,力行变法改革,而且是一位文学家,为"唐宋八大家"之一。他对文字很考究,曾专著《字说》,也十分喜欢创作和猜射灯谜,他所作的灯谜,意境都很奇特。例如:

目字加两点,莫当贝字猜;
贝字欠两点,莫当目字猜。

(谜目:打两个汉字)

此谜说的都是汉字繁体,谜面中的"贝"字即为繁体"貝"。谜底为"賀、資"二字。

一日,王安石与好友王吉甫在一起制谜为戏。他率先作出一谜让王吉甫猜,谜曰:

画时圆,写时方;
冬时短,夏时长。

（谜目：打一个汉字）

王吉甫看了谜面没有马上说出谜底，也出了一则谜：

东海里有鱼，无头又无尾；
除去脊梁骨，便是这个谜。

（谜目：打一个汉字）

王安石听了点点头，会意地笑了。原来，这两则灯谜的谜底都是"日"字，王吉甫是以谜解谜。王安石接着又制成一谜，曰：

左七右七，横山倒出。

（谜目：猜一个汉字）

王吉甫很快猜到后，还是没有说出谜底，又回敬一则灯谜：

一上一下，春少三日。
你猜我谜，恰成一对。

（谜目：猜一个汉字）

王安石作的灯谜，谜底为繁体字"婦"，王吉甫所作灯谜的底则为"夫"。因为"左七右七"是个女字，山字横写是"ヨ"，出字倒写为"帀"，合在一起就构成"婦"字了。而王吉甫作的谜，"一上一下"为二字,春字少"三"和"日",就剩下个"人"字,"二"和"人"合在一起,自然成了"夫"字。一个妇一个夫,所以王吉甫说"你猜我谜,恰成一对"。二王相视,不禁哈哈大笑。

王安石有个朋友,原本家道富裕,后因生活奢靡,渐渐拮据了。王安石为此特地写了四句话赠给他:

弟兄四人两个哥,一人立着三人坐。

家中还有一两口,任是凶年也好过

（谜目:猜一个汉字）

王安石交代说:"请猜一个字。你若是能按此字行事,生活定会好转。"朋友当即认真地猜,终于恍然大悟,说:"好,好呀! 我一定遵照办理。"原来王安石送朋友的是个"俭(儉)"字。

王安石是个非常喜欢猜谜、制谜的人,民间盛传他有一首著名的取诗家姓名为谜底的诗谜:

佳人佯醉索人扶,露出胸前白雪肤。

走入绣帷寻不见,任他风雨满江湖。

（谜目:猜四位诗人）

这首嵌人名诗并非明嵌,是隐藏在字里行间,故难度较大,起初很长时间无人破解。后来由著名学者郑子瑜所破,郑先生在《中国修辞学史稿》一书中,对这首谜诗做了剖析:首句"佳人佯

189

醉索人扶"，"佯醉"衍义为"假倒"，再谐音作"贾岛"；第二句"露出胸前白雪肤"，衍义为"肋白"，再谐音作"李白"；第三句"走入绣帏寻不见"，"绣帏"与"罗帐"相近，故衍义为"罗隐"；尾句"任他风雨满江湖"，可衍义为"攀浪"，再谐音作"潘阆"。贾岛、李白、罗隐、潘阆四人都是唐朝著名诗人。

苏轼兄妹仨的字谜

苏轼，苏东坡也。他是北宋文学家、书画家，学识渊博，与欧阳修一起参加诗文革新运动，为唐宋八大家之一。传说有一天，苏轼到妹妹苏小妹家串门，在书房里见到妹夫秦少游一首未写完的诗：

> 任你横冲直撞，
> 我已四面包围。

苏轼看了后，对秦少游说："你这是个字谜呀，妙！"说完，他提笔也在纸上写了一则字谜：

> 四个山字山靠山，四个川字川套川，
> 四个口字口对口，四个十字颠倒颠。

秦少游一看便拍手称赞："妙极了！妙极了！"
苏小妹赶忙过来看了看，信口便说：

四面有山不显,二日碰头相连;

居家一十四口,两王横行中原。

苏轼兄妹仨各说的一个字谜,都是同一谜底,是个"田"字。

秦少游是北宋的一位才子,也是一个情种,民间关于他儿女情长的故事不少。秦少游与苏东坡是文坛好友,经常在一起饮酒,吟诗猜谜,不亦乐乎! 有必要说几句题外话,据现今史学家考证,秦少游的正妻并非传说中的苏小妹,而是叫徐文美,看来他与苏小妹的恋爱与婚配,只是一个美丽的民间传说。

徐渭和他的灯谜

徐渭,明代著名文学家,字文长,别号天池山人。他精通诗、文、书、画,并善于作曲,又会制作灯谜,是一位多才多艺的文人。

徐渭制作的灯谜,形象生动,艺术性强,极富诗情画意,深含哲理,启人联想,耐人寻味。例如字谜:

上又无划,下又无划。

(谜底:卜)

二划大,二划小。

(谜底:秦)

先写了一撇,后写了一横。

(谜底:孕)

191

上有可耕之田,下有长流之川。

一月复一月,两月共半边。

一家共六口,两口不团圆。

（谜底:用）

四山纵横,两日绸缪,

富是他起脚,累是他起头。

（谜底:田）

······

徐渭的这些字谜,极具特色,体现了作者的文化素养。许多字谜的谜面都很简洁明了,言简而意深。像"孕"字谜,"先写了一撇,后写了一横",乍看风马牛不相及,仔细揣摩,原来"孕"字上部就是"了""丿"的组合;下部就是"了"和"一"的组合。这些字素笔画都明摆在谜面中,却故意让人不朝这方面去想。妙!

谜面为诗词的字谜,诗意甚浓。像"田"字谜,十分形象,抓住了字形结构,说"富是他起脚,累是他起头",既紧扣字形特征,又紧扣当时的社会潮流,"田"确是富的基础,又是受累的起因。

徐渭所制的物谜、事谜也很多,很有意味。例如:

开如轮,敛如槊,剪纸调胶护新竹。

月中荷盖影亭亭,雨里芭蕉声萧萧。

晴天则阴阴则晴,二天之说诚分明。

安得大柄居吾手,去覆东西南北之人行。

192

（谜底：伞）

摸着无节，看着有节，

两头冰冷，中间火热。

（谜底：皇历）

孩儿意，只为功名半张纸。

临行时，慈母手中线，费几许，只要去扯不住。

不愁你下第，只愁你际风云，肠断天涯何处。

（谜底：放纸鹞，即放风筝）

　　徐渭的物谜，谜底本来是实实在在的东西，而谜面却化为虚幻的想象，让猜者浮想联翩。"伞"谜和"皇历"谜都是这样有趣。他的事谜如"放纸鹞"，富含哲理，让人联想那风筝青云直上如学子赶考求功名；风筝断线又如名落孙山。不愁名不及第，而令人"肠断"的是"你际风云""天涯何处"，描写形象生动，入情入理。

唐寅祝允明唱和谜诗

　　唐寅，即声名远扬的唐伯虎；祝允明，即大名鼎鼎的祝枝山，他俩都是明朝文学家、书画家。彼此系莫逆之交，上门不必通报，临别也不用相送。俩人经常相聚吟诗猜谜，其乐融融。传说有一年元宵节，两人结伴渡河到对岸观看灯会。在渡船上，艄公是个喜读诗书的老者，他知道这二位是多才多艺的名人，便笑迎寒暄，还特意吟一则诗谜与他们套近乎，谜曰：

解落三秋叶,能开二月花;

过河千层浪,入竹百竿斜。

祝允明一听,立马以诗解谜,吟道:

无影无踪过树梢,折断池塘柳枝条;

天井院中尘土起,扬子江心卷浪涛。

唐寅听了,也接着吟道:

梧桐院里听潇潇,凉尽开轩竹影摇;

山径卷来黄叶满,满天撑起白云篙。

艄公莞尔一笑,免费送二人过河。三人都明白这三首诗谜的谜底,同是"风"。

第三节　今人谜语趣事

古人酷爱制谜猜谜,今人传承了这一古老文化活动。学界文坛爱谜,民间的谜味更浓。

请君来猜谜

洪第先生推荐过一则他很赞赏的旧谜,说是有一年,参加一个猜谜游园会，一进园门就望见迎面挂着一条大幅谜语，犹如一道红色瀑布，煞是壮观。谜面是这样：

> 请君都来猜谜，不要说话，也不要走，
>
> 且站在一旁，对着细看。

（谜目：猜一个汉字）

（谜底：粗）

乍读谜题，似乎没多少文采，但它置于园门入口处，又和游园猜谜主题十分契合，相当于主办者在向游园者致欢迎辞，热情地打招呼哩！又似乎是一位灯谜行家，在娓娓叙说猜谜的诀窍，显现其诱导作用。其实，这是作者故弄玄虚，设置了一道迷人的屏障。只要仔细揣摩，不难突破其"谜"路。"请君都来猜谜"，开门见山，实话实说，猜的就是一个"谜"字，正是这个"谜"字，成了谜眼。当你猜入谜路之后，才感到它实在妙不可言！

此谜制作方法，是常用的"增损法"。"不要说话"，寓意"谜"字去掉那个"言"字旁，便成了"迷"字；"也不要走"，寓意"迷"字再去掉那个表示"走之"的偏旁"辶"字形，仅剩了个"米"字；"且站在一旁"，寓意"且"站到"米"的一边，如此两减一增的结果，显然是个"粗"字脱颖而出了。还有"对着细看"一句，指明"粗"和"细"正是对着的两个反义词。真可谓一句一个提示，曲径通幽，最后豁然开朗。尤其是最后那一句，实是在暗中为猜谜者提供了探底的线索，实乃狡猾而顽皮！此谜用字虽多，但文意接近口语，读来顺口;语意双关,是白描手法之佳作。

夏明翰制谜反蒋

我党历史上,有着许多能征善战、才情卓越的革命家,他们善诗文亦喜爱制谜猜谜,寄情寓意,表达心声。1927 年,蒋介石发动"四一二"反革命政变,大肆屠杀共产党人和革命群众,对内独裁专制,对外投靠帝国主义。对此,民众无不义愤填膺,要求以牙还牙,传出"不杀蒋不足以平民恨"的呼声。革命先烈夏明翰生前曾对反动派的倒行逆施,进行过针锋相对的斗争。他曾别出心裁作过一则字谜,用以痛斥蒋介石,一时在群众中流传。谜面是:

一车只装一斤,好个草包将军。

两个小孩相助,又请三个大人。

（谜目:猜四字口号）

（谜底:斩蒋示众）

谜面通俗易晓,饶有意趣。当你猜中时,必定大声叫绝。

苏曼殊的一则词谜

苏曼殊是一位知名僧人,他一生喜吃甜食,故自称"糖僧"。他参加过兴中会等革命组织,可惜 34 岁时英年早逝,病因为贪吃。其死后,有人在其床下、枕边找出大量糖纸。他给柳亚子写信,落款竟然是"写于红烧牛肉鸡片黄鱼之畔",他因贪吃而患有疮痛、脑疾、痢疾、咯血、肠病、肝症等多种病痛。

苏曼殊被陈独秀称为"绝顶聪明的人",他擅长赋诗、绘画、写小说,也是一位文坛制联、制谜的高手。有一次,他与柳亚子、刘半农等文坛学者聚会,泛舟西湖。闲聊之中,一位友人以自己的姓氏作了一则字谜,谜面是两句联语:

明月半遮云脚下,
残花零落马蹄前。

谜底是个"熊"字。大家对这个字谜非常赞赏,谜面作为对联,对仗工整,平仄准确,而且诗意甚浓,因而说得三人都谜兴大发。苏曼殊当场就率先作了一则词谜:

想当年绿鬓婆娑,
自归郎手,青少黄多,
受尽了多少折磨,
历经了多少风波。
莫提起,
提起来清泪洒江河。

诗人柳亚子一听,扪掌称妙,赞美它是好词,也是好谜。他指着船老大手里的竹篙说:"莫非此物耶?!"众人不禁齐夸苏曼殊的谜作得好,也夸柳亚子猜得妙!

第四节　多面多底的谜

有一种特殊的谜语,有的一个"谜面"却有多个"谜底",有的多个"谜面"却是同一个"谜底",尽显汉字的无限魅力。

"同底"谜语

所谓"同底谜",则是众多的谜面,共有一个谜底。相同"谜底"的谜语很多,下面就是三例:

> 谜语例1:四面四堵墙,当中一根梁,
>
> 　　　　一宅分两院,关猪不关羊。
>
> 谜语例2:一家分两院,两院子孙多,
>
> 　　　　多的倒比少的少,少的倒比多的多。
>
> 谜语例3:一院隔成两下,五男二女分家,
>
> 　　　　两家打得乱纷纷,打到清明才罢。

(谜底:算盘)

这三条谜语之所以有趣,是着眼于它们的修辞技巧。比如三例谜面都把方形的算盘比作院子,又如例2和例3,把算珠比作"子孙""五男二女",这都是比喻;再如例1,"关猪不关羊"一句中的"猪"与算"珠"同音,这是谐音;再如例3"打到清明才罢"的"清明"一词,既可指"清明节",也可说是"清楚明白"的意思,这

是"歧义"。这些修辞手段,使表达变得生动传神,也无疑增大了猜射的难度。

"同底"字谜

所谓"字谜",是以汉字为"谜底"的谜。例如明代嘉靖年间,号称"后七子"的王世贞、李攀龙、谢榛、梁有誉、宗臣、徐中行、吴国伦,结社赋诗,他们曾经分别吟出的字谜,也是历史上有名的"同底"多面谜,又称连环谜:

唐虞有,夏禹无;商周有,汤武无;古文有,今文无。
听者有,看者无;跑者有,走者无;高者有,矮者无。
善者有,恶者无;智者有,蠢者无;嘴中有,手上无。
右边有,左边无;后面有,前面无;凉时有,热时无。
哭者有,笑者无;骂者有,打者无;活人有,死人无。
哑巴有,聋子无;跛子有,麻子无;和尚有,道士无。

这则同底字谜的谜底为"口"字。这"口"字作为字素,在许多汉字中存在,只要仔细观察便一目了然。

"多底"谜语

所谓"多底"谜,就是一个谜面,却有数量众多的谜底。例如:

红橙黄绿青蓝紫

这一个谜面,谜目就有好多个,例如:

猜一成语

猜一常用词

猜一国名

猜一戏剧术语

猜一针灸穴位

……

谜底依次为:

五颜六色

各色各样

以色列

彩排

隐白

……

第五节　别开生面的灯谜

灯谜是文义谜,然而有一类文义谜很特殊,它一反常态,别开生面,以逆向思维作谜、猜谜,或以奇异的形式面世,或涉及歇后语、戏曲名目、中药名称等等,给人耳目一新的感觉。

《群言》字谜

有人作"群言谜",为《群言》杂志庆贺十周年。一共20则,请你猜一猜它们的谜底是哪20个汉字,先别急于对照谜底。

(1)群言 (2)公道话 (3)普通话 (4)热心话

(5)有的放矢 (6)水经注 (7)苏白 (8)少言寡语

(9)胡说八道 (10)陈词滥调 (11)吞吞吐吐

(12)一肚子委屈 (13)童话 (14)请帖 (15)多语症

(16)申请书 (17)算命 (18)说话的人

(19)阿弥陀佛 (20)恭喜发财

这20则谜面都很有意味,需要去领悟思索,方可猜中。例如"普通话",它是以北京话为基准的,故为"京言",其谜底即为"谅"字。"苏白"指苏州的白话,苏州古为"吴"地,即"吴言",故其谜底为"误"字。"胡说八道"应是荒唐的话,故其谜底可为"谎"字。这20道谜的谜底全是"言"字旁的字,依次为:

谐、评、谅、谈、谢、训、误、

诚、谎、试、诺、谓、讦、谏、

计、让、讣、诸、诗、诘。

逆向思维猜"矛盾"谜

所谓逆向思维,就是其思路是有违常理的,例如谜底为"一"字的谜面:"人有它大,天没它大"。这样的说法不免让人一头雾水,"天"是无限大的,"人"有它大,"天"反而没它大了,故意将猜者引入误区。其实这个谜面是从汉字形体拆合而言的。这样的字谜能不令人感到意味特殊吗?如此意味深长的字谜还有很多,例如:

①遇到白,反而黑。

②镶上金,变成了铁。

③明明水少,却成水多。

④给它一匹马,却变成一头驴。

这几个字谜的谜底依次为这样四个字:七、失、泛、户。

散曲《断肠》谜

仿借散曲《断肠》的词语情调,作出下面 10 道谜面,请你先别看谜底答案,猜猜谜底是哪 10 个汉字?细细琢磨,确乎很有味道。

下楼来,金簪卜落。

问苍天,人在何方?

恨王孙,一直去了。

詈冤家,言去难留。

悔当初,吾错失口。

有上交,无下交。

皂白何须问。

分开不用刀。

从今莫把仇人靠。

千里相思一撇消。

(谜目:猜十个数字)

(谜底:一、二、三、四、五、六、七、八、九、十)

中药谜语

话说从前有一家中药店,名气颇大,全仗其掌柜是一位讲究文化的老中医,平日很重视对店员进行医药文化的熏陶。一天,老掌柜出了一则谜语供店员和学徒们猜。谜曰:

五月将近六月初,二八佳人把窗糊。

丈夫外出三年整,捎回家书半字无。

(谜目:猜四味中药名)

谜语一出,店里的伙计们跃跃欲试,琢磨了好几天,总算有人猜出来了。四味中药是"半夏、防风、当归、白芷"。原来是药名暗藏,必须细细地意会,例如首句,五六月份已渐热,自然是临近"半夏"了;第二句,女子在家糊窗户,当然为了"防风";再往下,丈夫

203

外出了三年,"当归"了呀！捎回的家书连半个字都没有,一张白纸,即谐音"白芷"。实乃意味深长,妙趣横生。

集成语为灯谜

今日媒体《猜灯谜》的栏目,层出不穷。推出的灯谜,花式翻新,形形色色。其中,以集成语为谜面的作品,言简意赅,堪称佳品。不妨欣赏下面几例:

①旭日东升

（谜目:猜一个汉字）

②黯然失色

（谜目:猜一个汉字）

③召之即来

（谜目:猜《水浒传》中的一个人物绰号）

④千里之行始于足下

（谜目:猜一个汉字）

⑤曲终人散

（谜目:猜两个影片名）

⑥中华民族繁荣昌盛

（谜目:猜一位辛亥革命烈士）

⑦因小失大

（谜目:猜一个汉字）

⑧直上重霄九

（谜目：猜台湾省的一个地名）

⑨熙熙攘攘

（谜目：猜一个汉字）

（谜底：①九 ②音 ③闻达 ④踵 ⑤《绝唱》《潜影》⑥黄兴 ⑦口 ⑧天母 ⑨侈）

集经典名句成新谜

古往今来，灯谜制作者集经典名句成谜者甚多，古色古香，韵味十足，令人陶醉。现在列举几例，以便共同赏析：

①白日依山尽

（谜目：猜一个气象术语）

②壮士一去兮不复返

（谜目：猜一个汉字）

③当春乃发生

（谜目：猜《水浒传》中的一个人物诨号）

④夫妻本是同林鸟

（谜目：猜四个字电视剧名）

⑤举头邀明月

（谜目：猜四个字礼貌用语）

⑥千山鸟飞绝

（谜目：猜一个电影片名）

205

⑦独留花下人,有情却无心。

（谜目：猜一个汉字）

⑧低头思故乡

（谜目：猜一个唐诗篇目）

⑨床前明月光

（谜目：猜一位宋朝词人）

⑩明月松间照

（谜目：猜一位科学家）

谜面上的这些名句,常见于经典文献中,也应用于口语中,你能领悟它们的意境吗？能够领悟其意,自然觉得谜底是很有趣的。

（谜底：①傍晚多云　②版　③及时雨　④《难舍真情》⑤敬请光临　⑥《真空地带》　⑦倩　⑧《望月怀远》　⑨李清照　⑩林光达）

第六节　竞猜成语谜

谜语是个百花园,成语谜是这园中的一朵小花,花小也照样艳丽惹人喜爱。所谓"成语谜",除了集成语为谜面的作品之外,主要是指以成语为谜底的谜。这种作品大多刊载于报刊里,参与猜射成语谜有助于学习成语,对把握成语的字词大有裨益。

成语为"底"的谜语

成语谜与众不同,它的谜底都是成语,而成语都有其故事,字词也相对固定,文学意味甚浓。

象棋谱	(谜底:纸上谈兵)
猜灯谜	(谜底:可想而知)
大雪纷飞	(谜底:天花乱坠)
鹦鹉学舌	(谜底:人云亦云)
无底洞	(谜底:深不可测)
狗咬狗	(谜底:犬牙交错)
方方圆圆,红红绿绿	(谜底:形形色色)
老鼠啃书本	(谜底:咬文嚼字)
"奏"字变"春"字	(谜底:偷天换日)
大合唱	(谜底:异口同声)
愚公家门	(谜底:开门见山)

"底"呈数字的成语谜

以数字表示的成语很多,像"数一数二""一言一行""一言九鼎""七零八落""八面玲珑""两面三刀""智者千虑,必有一失""漏洞百出""漆黑一团""百里挑一""气象万千",等等。这些数字成语按说都可设计成为谜的谜底,只要你肯动脑筋。试举例一二:

地雷	（谜底：一触即发）
闹钟	（谜底：一鸣惊人）
泪	（谜底：颠三倒四）
冠亚军	（谜底：数一数二）
合起来五句话	（谜底：三言两语）
集体朗诵	（谜底：众口一词）
剪不断，理还乱	（谜底：千头万绪）

"面"呈数字的成语谜

成语本身不一定都有数字，然成语谜的谜面以数字的形式表示，也别有意味。例如：

1/100	（谜底：百里挑一）
0000	（谜底：万无一失）
一二五六七八九十	（谜底：丢三落四）
9寸+1寸=1尺	（谜底：得寸进尺）
初一	（谜底：日新月异）
一手拿针，一手拿线	（谜底：望眼欲穿）
卷我屋上三重茅	（谜底：风吹草动）

第七章

『非常歌谣』的情趣

语言,是袒露内心世界的一种手段,它可以交流思想,表达感情,互通信息,增进了解。应该说,诗词、歌谣也是一种特殊形式的"语言",只不过诗词这种语言形式属于文人,而歌谣则是民众的创造,在很大程度上它流传于民间。本章特地说一些"非常歌谣",也就是"不寻常"的诗歌,实际是指某些特异形式的歌谣。像昔日商家应用的算盘,有了珠算口诀的配合,就非常方便地发挥着计算功能;中医的《汤头歌》,帮助药物配伍的记忆,真是得心应手,有滋有味。

还有平日最常见的曲艺节目中,配合打竹板演唱的快板,相声演出的对口词,还有顺口溜、绕口令,等等,诸如此类,即使没有笑料可说,也没有包袱可抖,但它们是短、平、快的形式,词语流畅,叙事清楚,也能引人入胜。它们都可算是一些受众喜欢的趣味歌谣。这些作品生动活泼,反映民众心声,让人们喜闻乐见。

第一节　三句半

民间流行的三句半,总共十七个字,故原名"十七字诗"。它是长起短结的滑稽诗体,其形式确乎是一种奇异的诗。它又与歇后语有联系,歇后体就是说一半留一半。"三句半"由此得名。最末"半"句,只有一两个字,但它往往是其核心内容,语含讥刺,诙谐风趣。

十七字诗采取"五五五二"的结构,前三句整齐划一,后一句残缺不全。前三句和绝句一样,追求规整,诱使人们按绝句的习惯去欣赏品味,然而在结尾处陡然落下,出人意料。

三句半的套路

其实,三句半是四句,总字数也未必都是十七个字,前三句每句五个字或七个字,最后一句有意只用两个字或三个字,甚至一个字, 这个"半"句,正是"诗眼"。可以说,前三句是手段,后"半"句才是目的。

三句半的表演是四人组合,开场白通常有个程式:

> 甲:我们四人台上站,
>
> 乙:合伙来说三句半,
>
> 丙:要问说的啥东西?
>
> 丁:——请看!
>
> 合:对,请看!

三句半延伸到文人写作中,往往成了调侃的文体,幽默诙谐。著名文化人聂绀弩先生就写过这样一首《三句半》以自嘲:

喜作三句半，

自号二川人，

蜀音说不准，

——难听！

所谓"二川人"，就是半个四川人的意思。"四川"变"二川"嘛！

《七修类稿》的三句半

清代《七修类稿》一书，载有一则三句半的故事。明朝正德年间，天大旱，灾情严重，一位叫西坡的知府老爷毫无办法，只会祈神求雨，祭祈了好几回仍不见下雨。人人心急如焚。一个好作三句半的"无赖子"见此情景，信口念道：

太守出祈雨，

万民皆喜悦。

昨夜推窗看，

——见月！

这首三句半传到了西坡知府的耳中，西坡知府大为不悦，晓得这是嘲笑他无能，便把这人抓来问话，想压压这人身上的邪气。知府问："你会作十七字诗？"他说这诗并非自己所作，再追问诗的作者，他便不应声。

知府说："你以我的别号'西坡'为题，再作一首。作得好，马上放了你！"那"无赖子"应声说：

古人号东坡，

今人号西坡，

两人相比较，

——差多！

知府大怒，要打他十八大板。说时迟，那时快，那"无赖子"又念道：

作诗十七字，

被责一十八，

若上万言书，

——打杀！

知府奈何不得，啼笑皆非，只好放了他。

潘羲民执笔《我们的炊事班》

三句半，作为文艺表演体裁形式，像对口词一样，20世纪60年代前后在我国城乡非常流行。《解放军文艺》1964年第2期，就发表了由战士潘羲民执笔集体创作的三句半《我们的炊事班》，很受赞赏：

晚会开得好，
我们来凑热闹。
哎，还差一个，
——来了！

我们不会唱，
跳也跳不好。
说段三句半，
——莫笑！

话说我们炊事班，
全心全意为训练。
从早一直忙到晚，
——做饭！

饭好菜又香，
两菜一个汤。
辣椒、葱花用得全，
——好鲜！

心灵手又巧，
花样真不少。

清炖、油煎、烹炸炒，

——红烧！

……

三句半很活泼，是演出中的"丑角"，它既能说讲所要宣传的内容，还可反映故事情节。

第二节　喊四句

喊四句是四句体，味道在"喊"，四句词语都要喊出来。它是南北喜事风俗的产物。

婚礼仪式喊贺词

婚礼仪式上和闹洞房时，由司仪或场面上负责招待的主持者喊出一些贺词：

东边一朵祥云起，西边一阵紫气来。

祥云起啊紫气来，新郎新娘拜堂啦！

每喊一句，宾客可以应声叫"好！"，以增添热闹气氛。喊四句也可以由口才好的宾客来喊，诸如新郎的表兄弟或好友，在喊一些吉祥语的同时，还可以与新郎新娘开开玩笑，以活跃场面，增加乐趣，把喜庆气氛推向高潮。

新屋上梁喊"喜梁"

过去,许多地方盖新房上大梁时,不仅放鞭炮庆贺,还有抛撒糕团、饼馍、香烟和糖果的习俗,也喊上四言八句,增添热闹的气氛。例如:

> 建造高屋立华堂,吉时一到上大梁。
> 亲朋好友齐庆贺,龙凤呈祥喜气来。
>
> 果盒糖盘捧得高,果糖美食齐飘香。
> 撒下果糖上喜梁,东家盖起好屋房。
>
> 果糖恭喜上喜梁,工匠师傅手艺强。
> 斧子一动树成料,瓦刀一响砖成墙。

诸如此类的四句喊完了,大梁也架上去安装妥帖了,梁下的人群至此还鼓掌欢呼叫好。

第三节 赶五句

所谓"赶五句",就是五个句子,山歌中多见,尤其是情歌。之所以说"赶",重在一句赶一句,赶出紧凑感,赶到第五句时要特别地显出精彩,像三句半中的最后"半"句那样,把包袱抖响。例如:

217

五句山歌五句多，堆成山头淌成河。

　　无粮无曲不成酒，无郎无妹不成歌。

　　情歌出自俺心窝！

　　这"情歌出自俺心窝"一句，情真意切，成为这五句情歌的高潮。

明万历《梁祝》唱本

　　《梁山伯与祝英台》是我国民间爱情故事的经典。湖北通山县燕夏乡一位农民收藏有一个古版《梁祝》唱本，是用五句山歌形式写成的。唱本分二百二十五节，每节五句，每句七字。唱词优美，叙述故事情节清晰，抒情酣畅流利，朗朗上口。其中"十送""十叹""十想"等片段，一直是当地山歌对唱的主要内容。

　　据专家考证，该唱本系明代万历年间编写付梓，这说明赶五句是古人的文化遗产。

民间情歌男女对唱

　　赶五句山歌，多半表现男女爱情。郎和妹之间互相表达钟爱之情，直率大胆，淳厚泼辣。例如青年男女一见钟情，爱在心中，向对方倾诉表白，有时难以开口，怎样把这层纸捅破呢？他（她）们这样唱道：

一把纸扇两面看，上面画的妹和郎。
郎在这边望着妹，妹在那边望着郎。
姻缘只隔纸一张！

有的赶五句，是情郎表白，唱出赤胆衷心：

太阳当顶又偏西，牛儿拖犁回家去。
牛儿只想路边草，野猫只想笼里鸡。
情哥只想妹为妻！

妹在河中浣白纱，水上漂起牡丹花。
鲤鱼看见红了眼，鲫鱼看见摆尾巴。
情哥看见忘归家！

有的赶五句，又是情妹唱出的心声：

郎在高山挖黄姜，妹在河中洗衣裳。
边挖黄姜边看妹，边洗衣裳边看郎。
捶衣捶在石板上！

想郎想得心发慌，把郎绣在枕头上。
左翻身来把郎喊，右翻身来喊声郎。
一夜喊到大天光！

有的赶五句,唱的是男女甜蜜的恋情,难舍难分:

桃子没有李子圆,郎口没有妹嘴甜。

去年六月亲个嘴,今年六月还在甜。

新旧甜了两三年!

情郎出门走天涯,妹做新鞋要送他。

两边纳的芝麻点,中间纳的一枝花。

步步踩的巧冤家!

赶五句唱的内容丰富多彩,五花八门,这里唱的只不过是些个别的版本。

第四节　十六字令

十六字令,是字数最少的一种词牌。字数最多的一种词牌是"六州歌闲",全词一百四十三个字。而"十六字令"这一词牌所填的字数只有十六个字,短得像歌谣,又名"归字谣""苍梧谣"。它的节奏感很强。

古今诗人写十六字令者甚多,毛泽东的《十六字令·山》三首,描述了长征路上的山,气势磅礴,令人震撼。

袁去华的《归字谣》

宋代文人袁去华,绍兴十五年(1145)进士。他的一首词《归字谣》很有名气:

归!
日断吾庐小翠微。
斜阳外,
白鸟傍山飞。

这首词描写日落西山,归鸟傍山飞的景色,长短句交错,既像歌谣,更像新诗,朗朗上口,极富节奏感,故为短小的传统佳作,享有盛名。

严从怀的《十六字令·牛》

学者严从怀,曾任合肥市政协副主席,出版著作多部,其中有一部诗词选集,集里有两首《十六字令·牛》,词曰:

牛。劳碌躬耕事缘畴。终生愿,奉献记心头。

牛。吃草拉犁不见愁。田间乐,一辈别无求。

这两首词歌颂了牛的奉献精神,颇有教益。

第五节 绕口令

绕口令是一种挺有意思的语文游戏,要由嘴巴吟唱,发出声音,它可以帮助我们熟悉汉字的声、韵、调。因为绕口令的段子都是字音相近,极易混淆,要想念得既快又准,没有快速的思维、良好的记忆、伶俐的口齿,是很难做到的。如果说快了,而你又咬不准容易读混的字音,就会闹出笑话来。所以,绕口令常被人们用来休闲逗趣。相声段子里就常有绕口令,表演起来,令人捧腹。赵元任教授早年编创的《施氏食狮史》,更是绕口令的精品。

这里列举几例短小的绕口令,你不妨绕一绕,领略一番个中的情趣。有医学专家建言,经常练一练绕口令,不仅可帮中老年人训练语言文字能力和说话流畅度,还能健脑,增强记忆,提高反应能力。

如此娱乐又养生,何乐而不为!

《长扁担,短扁担》

《长扁担,短扁担》是经典之作,版本不一。请看下面一例:

长扁担,短扁担,长扁担没有短扁担宽,短扁担没有长扁担长,长扁担比短扁担长了半扁担,短扁担捆在长板凳上,短板凳上捆着长扁担。

它虽没有同音字，但"长""担""上""凳""捆""宽"，还是读音相近，特别是"长扁担"与"短扁担"反复环绕，"绕口"的情趣油然而生。

《四是四，十是十》

这是一首很经典的绕口令，"绕口"就绕在"四"与"十"、"细席"与"四十"的谐音上，再加上反复地"绕"，情趣盎然。

四是四，十是十，十四是十四，四十是四十。谁说十四是四四，就打谁十四；谁说四十是细席，就打谁四十。

《四十四座石狮子》

这则《四十四座石狮子》，其中"狮"与"柿"、"石"与"涩"、"四"与"十"的读音非常相似，"绕口"绕得别有特色：

屋前有四十四座死石狮子，屋后树上有四十四个死涩柿子，死石狮子不能吃死涩柿子，死涩柿子也不能吃死石狮子。

读了此作，不禁联想到另一则名为《上果市》的绕口令，也有"四、柿、子、石"这些字词"绕口"：

四个孩子上果市，提着四个小篮子，花了硬币四毛四，买了十个小柿子。四个孩子出果市，拾到四十个小石子，到了家里吃柿子，吃完柿子玩石子。

《白石搭白塔》

这首名为《白石搭白塔》的绕口令，其中"搭"与"塔"、"塔"与"滑"，音近相谐，"绕口"就绕在这些字音上。

白石白又滑，搬来白石搭白塔。白石塔，白石搭，白石搭白塔，白塔白石搭，白又白来滑又滑。

《知道就说知道》

绕口令《知道就说知道》中，并没有音近相谐的字词，由于"知道""不知道"反复地"绕口"，同样意味深长。

知道就说知道，不知道就说不知道，不要知道装不知道，也不要不知道装知道，一定要不折不扣地真知道。

《这边有个人》

"人、瓶、盆"是一类发音相近的词，用它们编写的绕口令段子，也很有味道：

这边有个人，挑了一担瓶；那边有个人，挑了一担盆。瓶碰烂了盆，盆也碰烂了瓶。卖瓶买盆来赔盆，卖盆买瓶来赔瓶。瓶赔不了盆，盆也赔不了瓶。

《现代"绕口令"》

郭炜先生曾在期刊《讽刺与幽默》上发表《现代"绕口令"》一文,一共十句:

吃饭:一般不白吃,一般吃不白,白吃不一般;

喝酒:一般不喝酒,一般酒不喝,喝酒不一般;

住宿:一般不住宿,一般宿不住,住宿不一般;

走路:一般不走路,一般路不走,走路不一般;

说话:一般不说话,一般话不说,说话不一般;

做事:一般不做事,一般事不做,做事不一般;

称赞:一般不说好,一般好不说,说好不一般;

玩乐:一般不玩乐,一般乐不玩,玩乐不一般;

受贿:一般不收钱,一般钱不收,收钱不一般;

发案:一般不发案,一般案不发,发案不一般。

这十条借用绕口令的形式,把贪腐分子的嘴脸描绘得淋漓尽致。从吃喝到受贿,表露出种种弯弯绕,最终就"发案不一般"了。

第六节 顺 口 溜

顺口溜来自民间,在民间文学中有着举足轻重的地位。它的形式是歌谣,曲艺界引用它来演唱,谓之"快板",或叫"数来宝",

大多为七字一句,两句为一个押韵单位,也可随意转韵。

顺口溜的特色

顺口溜有自己的特点,主要在一个"溜"字,而且是"顺口",像藏在心里的话一不小心从嘴里溜了出来。它是随意的,漫不经心,没什么顾忌,说过撂了,一笑了之,口口相传。

但顺口溜并非无端地乱溜,都是老百姓的心声,或贬或褒,有一定的思想意义。例如安徽定远县蒋集镇,是个飘着书香的小镇,这里有个扬名省内外的农家书屋,它的创始人是"中国好人"金兴安先生,他于 2004 年献出自家藏书和资金,在家乡办成全省首家农家书屋,还成为安徽省农家书屋的示范单位,是全镇人读书学习的好去处。因此那里就流传了一则顺口溜:

书屋办在家门口,

一有空闲去遛遛;

读读书,看看报,

一分钱都不要。

这家书屋经过十多年的坚守,规模越办越大。知识就是力量,从蒋集镇农家书屋不仅走出了北大等名校的天之骄子,也走出了脱贫致富的新型农民。可见这则顺口溜明显是当地人满心欢喜的点赞。

顺口溜的源头

旧社会,穷人凄惨,为生存到处求食号寒。顺口溜就源于昔日乞讨者的说词。讨饭的叫花子大多有自己的行头,一手拿打狗棍,一手拿竹板,多数以唱代说。到什么门前说什么样的话,见到什么就说什么,没有固定的说词,现编现演,既有针对性,又要随机应变。例如,乞讨需要求情,需要讨好献媚,开口就是一些奉承话:

老爷大门朝南开,金银财宝滚进来。

乌黑礼帽头上戴,儿孙满堂乐开怀。

主人听了高兴,便夸他口才好。乞儿又自谦说:

老爷老爷你别夸,胡乱唱唱瞎呱嗒。

贵人慈善可怜咱,小票赏我一块八。

这就唱到了正题——讨钱。如果看到主人不大方,他就唱:

不嫌多,不嫌少,只要给钱就是好。

做官发财我不要,每天只求一个饱。

顺口溜就是这样产生的,后来被艺人搬进茶馆,搬上舞台。

内容虽变了,但它的演唱特征仍保持着:一是用俗语造句,生鲜活泼;二是押韵,朗朗上口;三是幽默风趣,也时有嘲讽。

流传的时政顺口溜

历朝历代都有流传在民众口头上的时政歌谣,许多都是顺口"溜"淌出来的,无专人创作,它是顺口溜中的重要部分。人民群众为了生活,不可能不关注时政,所以时政歌谣是社会生活的反映,是老百姓关心社稷安危的思想流露,有其真实性的一面,也有其局限性的一面,故不必过于较真,姑妄言之,姑妄听之。

历史上,那些明智的政治家能从民间时政歌谣中体察民情,因势利导,修正治国方策。但也有一些统治者,将民间时政歌谣视为洪水猛兽,下令查禁,然而查禁的结果适得其反。正如古之所言:"防民之口,甚于防川,川壅而溃,伤人必多,民亦如之。"(引自《国语·周语上》)

历史上流传于民间的顺口溜,很多与时势相关,远的暂不说,先举几则20世纪40年代国民党统治区的民谣:

> 一根油条,花去一篮子钞票。
>
> 半袋杂粮,换得一个大姑娘。
>
> 前方吃紧,后方紧吃,酒席照开舞照跳。
>
> 一曲一曲又一曲,《风流寡妇》《步步高》。
>
> 不吃白不吃,不跳白不跳。
>
> 顿顿都是《最后的晚餐》,夜夜都是《欢乐今宵》。

吃他娘的昏天黑地,喝他娘的地动山摇。

亡党亡国理所当然,节约公款没有必要。

空军呀空军,飞机看不见,

都飞到哪儿去了?另有航线!

飞美国,飞日本,飞缅甸。

运金银,运太太,少爷小姐一大堆。

到外洋,买洋房,

舒服日子赛神仙。

总统站在半天云里,

要俺们坚守阵地。

他说:坚持到最后就是胜利!

俺们说:放你娘的臭狗屁!

独裁政权,王小二过年。

过得了今年,过不了明年。

这些顺口溜,反映了新中国成立前国统区物价飞涨,货币贬值的现象,卖儿卖女,民不聊生,揭露国民党反动派贪污腐败,醉生梦死,各奔前程,矛头直指蒋介石专制独裁,诅咒他早日倒台。

总而言之,民间流传的顺口溜,从不同的角度反映着民众的时代心声。

商家的顺口溜

自古商家招揽生意都有招儿,利用顺口溜编的生意经很多很多。例如旅店"如意馆"就有京味十足的招揽词:

客官您住下吧! 这里有高等房间儿,有酒馆儿、饭馆儿带茶馆儿,吃住方便儿,起名就叫"如意馆"儿。

客官想用饭,咱这卖得全儿:蒸馍四两四儿,包子三两三儿,麻花焦又脆,糖糕香又甜儿,还有白烙馍,都上等雪白面儿,烙得薄儿,擀得圆儿,吹口气就能飞上天儿。

客官想点菜儿,荤的素的样样全儿:炒腰花儿,烧肚片儿,烤鸭蒸鱼卤鸡肝儿,样样都加五香面儿。

客官想喝酒儿,这个不费难儿,客官您来看,一溜儿十八坛儿:状元红,玉山泉儿,白玫瑰,紫罗兰儿,还有名牌老白干儿。

　　……

店家伙计说的这一大套招揽词,顺口滑溜,口若悬河,头头是道,俨然是一则引人入胜的广告。

生活中的顺口溜

老百姓在日常生活中,流传有各种各样的顺口溜。它们是生活经验的总结,反过来又用以规范和指导生活。"吃不穷,穿不穷,算计不到一世穷。""新三年,旧三年,补补纳纳又三年。""一年之计在于春,一日之计在于晨。""有吃无吃,嬉过上七(正月初七);有看无看,嬉过月半(元宵节)。""要好吃,鱼烧肉;要好看,红搭绿。"诸如此类,多得很! 不外乎是传承祖先留下来的价值观和理念,从正面或反面教导人们正确生活。

侯宝良先生有一篇《安全起居顺口溜》,摘其要供赏读之。

夫妻本是比翼鸟,出门就该手挽牢。
互相提醒多关照,不去拥挤看热闹。

岁数不饶要服老,腿脚不便少跑跑。
无奈外出路途遥,撑根拐杖作依靠。

清晨锻炼讲实效,动作适度不硬套。
若遇头晕加心跳,缓缓下蹲莫焦躁。

慢慢站立再起跑,防止跌倒最重要。
鞋子防滑摆首要,不求时髦觅轻巧。
……

很明显,上述顺口溜都是针对老年人的安全而言的,它们体现了社会对老年人的关怀。

第八章

笑话何以好笑

笑话也是文字游戏吗？当然是！

顾名思义，笑话可以理解为"令人好笑的话语或故事"。笑话能让听者发笑，甚至捧腹大笑。文学艺术家们创作了笑话，让人们享受欢笑。人类生活中有了笑话，生活便更加有情趣。中国是世界上四大文明古国之一，虽历经苦难，但中国传统文化并不缺少欢笑。

早在汉字还没有形成之时，许多笑话就已经流传于我国民间了。至于有文字记载的笑话，最早可见于先秦诸子的作品中。例如《五十步笑百步》见于《孟子》，《郑人买履》见于《韩非子》，《画蛇添足》见于《战国策》，等等。三国时期就已有专门讲笑话的著作面世。此后，有隋代的《启颜录》、唐代的《谐噱录》和宋代苏东坡的《艾子杂说》。到了明清两代，这类笑话作品更加多了起来，例如《笑府》《广笑府》《笑赞》《笑得好》《笑林广记》等等。远的不说，近现代的许多名人，鲁迅、胡适、钱锺书、周有光，乃至伟人毛泽东，不单研读过这些笑话书，还喜欢说笑话哩！

第一节　笑话亦文字游戏

历代许多笑话书大多是由文人们整理民间笑话故事而成，也有一部分是作者创作的。目前流行的古代笑话，表现了中国人的性情与智慧，大多明快、通俗、健康、发人深省，可以认为是民间文学的一种好形式，对历代民众有着娱乐、教育的积极作用。

许多笑话中有机智的比喻与夸张，虽然有些尖刻，但不失善意。许多笑话对封建统治者进行了鞭挞，未必真有其事，却让人十分痛快。当然其中也有些不健康的内容，但不是主流。我们在正确认识笑话的存在和意义时，完全可以取其精华、去其糟粕，应在整理古代笑话的同时，创造出一些更有意义的笑话来。

笑话文字游戏的玩法

笑话的范围相当广，大体有两类：一是讽刺，二是幽默。笑话何以能引人发笑？这是个心理学课题。可以认为，笑话之所以可笑，它和语言文字的某些音、形、义以及修辞结构有关。例如利用念白字、别字及谐音、拆字、歧义、歇后语，乃至标点断句等，都可构成笑话。不妨举个例子看看：

唐朝懿宗时代，皇宫里有个名叫李可及的优人，最会讲笑话。有一年宫里庆贺皇上生日，和尚道士讲完经文，李可及便身着儒士衣冠上台表演，自称"三教论衡"。旁边坐着一人，问他道："你既然通达儒教、佛教、道教这三教，那么我问你，释迦如来是何人？"李可及说："女人！"

旁边那人吃惊地说："怎么会是女人呢？"

李可及说："《金刚经》里说'敷座而坐'，要不是女人，为什么要夫坐而后儿坐呢?"

旁边那人又问:"太上老君是什么人?"回答说:"也是女人!"问的人更加不理解了。

李可及解释道:"《道德经》里说:'吾所以有大患者,为吾有身,及吾无身,吾有何患?'若不是女人,为什么怕有身孕呢?"

又问:"孔夫子是什么人?"回答说:"也是女人!"问:"何以见得?"

李可及答:"《论语》中说:'沽之哉!沽之哉!我待贾者也。'若不是女的,为何要等待嫁人呢?"

······

这个笑话包含三部分:第一部分利用"敷"与"夫"同音,"而"和"儿"同音,唐朝妇女自称为"儿",因此作出"夫坐而后儿坐"的别解。第二部分利用"有身"的两种解释,"有身"即"有身孕",这是歧义。第三部分利用"贾"字的两种读音,故意念白字,本来应念 gǔ,却故意念成 jiǎ,即谐成"嫁"。

妙用谐音

所谓"谐音",就是很多笑话利用同音字,大多用的是现成的文句。例如:

从前,苏州有个姓王的和尚,因为兄长做了官,他便还俗

237

娶妻,享富贵,待人接物也就傲慢起来。有一次,王和尚参加宴会,因为人们都看不惯他,便有客人与演戏的人串通起来整他。戏里有个情节是"起课",起课是一种占卜方法,就是摇铜钱看其正反或掐指头算干支,以推断吉凶祸福。起课先生穿着破烂,有人问他:"你起课很灵验,为何还这么穷?"按剧本台词,起课人应回答:"黄河尚有澄清日,岂可人无得运时?"然而这演员却故意说成:"被古人说绝了,说的是:王和尚有成亲日,起课人无得运时。"席间的客人们听了哈哈大笑,都明白这是讽刺王和尚的话,用"王和尚……"一句谐音"黄河尚……",弄得王和尚急忙逃走了。

这个笑话是利用苏州话的"黄"和"王"同音,"清"和"亲"同音,改的词与剧本原词同音,其区别就在于语调上的不同。再如:

唐朝有个道士名叫程子宵,有一次登华山,途中摔了一跤。他的友人宇文翰,是做郎中官的,得知他摔跤的事后便写信取笑他,说:"不知上得不得,且怪悬之又悬。"这里是套用《老子》里的名句"上德不德,是以有德"和"玄之又玄,众妙之门"。

《老子》是道家的经典,给道士的信里套用《老子》名言,无疑非常妙!

妙用通假字的不同音义

古汉语中有许多字是"通假"的关系,可以相互通用。例如"说"字本义是说话,却又与"悦"相通用,古书里常把"悦"字写成"说",《论语》里讲"有朋自远方来,不亦说乎",就是一例。有一则这样的笑话:

明朝万历年间,张居正做宰相,朝廷里设有所谓的"言官",即给事中和御史的科道官,职务就是发表言论,向朝廷提出建议和意见,然而张宰相却不让科道官提反对意见。因此,有人就编了一个笑话来讽刺他。说是科道官里空了一个缺,吏部文选司郎中向张宰相请示选拔谁,张居正说:"科道官最难得有合适的人选,连孔子门下的几个大弟子也未必合适。"

吏部郎中说:"颜回德行好,可以用吧?"张居正说:"《论语》里说,颜回听了孔子的话,没一句说出去,不能用。"

郎中说:"子夏文学好,可以用吧?"张居正说:"孔子说过,子夏这个人,听我讲道他也说,出去看见繁华世界他也说,不能用。"

郎中又问:"冉求能办事,怎么样?"张居正说:"孔夫子说,冉求啊,我讲的他没有不说的,不能用。"

郎中只好说:"子路这个人倒还可以,就怕他太鲁莽。"张居正回答:"孔子去见南子夫人,子路不说,这个人可以放心

239

地用！”

这个笑话之所以好笑，就是有意曲解通假字，把"说"字的"悦"义硬理解成说话的意思，因此笑话的高潮在"子路"，他本来对孔子去见南子夫人很不高兴，却变成了"不说"，为孔老夫子保密。所以，张宰相对子路这样处事，也就放心地用他了。请注意，这个笑话的取材，是列举孔子及其弟子的故事，明朝张居正与孔子相隔上千年呀，硬扯到一起说事，真是极大的讽刺，怎不好笑?！

妙用念白字

念白字常用来编笑话：相传宋朝有一位文人路过一家私塾的门口，听见屋内先生教学生念书："都都平丈我。"他一听不对劲，明明是"郁郁乎文哉"，怎么都读成了白字?！便耐不住性子进去作了纠正。这件事传开了后，就有人编了个顺口溜：

都都平丈我，学生满堂坐；

郁郁乎文哉，学生都不来。

这个"都都平丈我"的笑话，是讽刺某些私塾先生不学无术，光念白字，误人子弟。

当今也有了新版本的笑话。《经典杂文》期刊曾载有一则笑话，说某大学中文系的某教授，是个白字先生，念字往往念半边，他教唐诗，竟将杜甫诗句"衣袖露两肘"的"肘"字念成"寸"，还面

不改色。于是有同事作打油诗嘲笑之,诗曰:

衣袖露两寸,年年评先进;
衣袖露两肘,什么都没有。

另有一则笑话与此相映成趣,话说某医生也是个白字大王,平日将"肾"字读为"贤",还吹嘘自己医术神通,可妙手回春。有同行看着很不服气,作一首打油诗调侃道:

心肝脾肺贤,出门赚大钱;
心肝脾肺肾,在家无人问。

这两个笑话如出一辙,都是轻讽刺外加小牢骚,不平与无奈的意味似都掺杂其中。笑话总归是笑话,意在针砭现实生活中的某些不合理现象。

妙用拆字

编笑话,也可在字形上做文章,主要是拆字。有这样一则拆字笑话:

明朝大臣焦芳,天顺年间进士,因同乡李贤荐举,授编修,进侍讲大学士。正德初,为吏部尚书。此公粗陋性狠,脸黑而长,很像驴面。在他还未高升的时候,人们对他的长相很不以为然。有一天,他对同事李东阳说:"你擅长相面,请你给我看看命运。"

李东阳对着焦芳的脸看了一番,说:"您的脸很不一般,左边一半像马尚书,右边一半像卢侍郎,将来也会做到他们那样的大官。可贺可喜呀!"

这个笑话利用的手法是"拆字","马"左"卢"右,合起来是一个"驴"字。无疑,这是李东阳乘机对焦芳开了一个玩笑,取笑他脸丑得像驴。

妙用文字歧义

汉字有许多是多音多义的,可以利用这一点编成笑话,然而某些语词也有多义性,所以笑话书里这方面的笑话也不少。例如:

话说从前有一个和尚,某天做了好多饼,又买了一瓶蜂蜜,在斋屋里吃私食。他还没有吃完却要出外去办一件事,只好把饼和蜜藏在床底下,交代徒弟说:"你给我看好饼,床底下那瓶子里的是毒药,误食了会死人,也要看好!"

和尚出去后,徒弟将饼涂上蜜,大吃起来,吃得只剩了两个。和尚回来,一看蜂蜜已吃光,饼只剩下两个,气得大骂徒弟:"你怎么吃了我的饼和蜜?"

徒弟说:"我一直在床前看守着饼,但饼很香,实在馋得忍不住就拿出来吃了，又怕师父不肯饶我，就吃了瓶里的毒药，打算以死赔罪，没想到挨到现在还没有死。"

师父啼笑皆非，又大骂："你怎么一下就吃了那么多?"徒弟又急忙把剩下的那两个饼连着塞进嘴巴，说："就这么塞进嘴巴吃掉了。"师父越发生气，伸手要打徒弟，徒弟一溜烟跑了。

"怎么"这个词有两种含义，这里是利用其歧义编出了笑料：师父问"怎么"是"为什么"的意思，而小和尚却故意把"怎么"理解为"怎么样"的意思，怎么不令人好笑呢。

第二节　笑话的讽喻意味

笑话的幽默性，是大有讽喻功能的，这在古今文坛和社会生活中的实例很多。笑话引人发笑，这"笑"大有不同，有的会心微笑，有的开怀大笑；有的是开心的笑，有的则是无奈的苦笑。茅盾文学奖获得者、著名作家王蒙，也是一位幽默大家，他说：

好的幽默并不只是让你笑一笑，还能让你哭呢! 哭多了眼泪就会跌价，于是乎泪尽则喜，嬉笑之中仍然可以看到作者那庄严赤诚的灵魂。也许幽默的痛苦并不比痛苦的痛苦弱。

"智短汉"的笑话

明代学者冯梦龙的《古今谭概》一书,载有这样一则笑话:

> 则天朝,大禁屠杀,御史娄师德使至陕,庖人进肉,问何为有此。庖人曰:"豺咬杀羊。"师德曰:"豺大解事。"又进鲙,复问之,庖人曰:"豺咬杀鱼。"师德叱曰:"智短汉,何不道是獭?"

这个笑话是说武则天执政的时期,严禁杀牲屠宰。御史娄师德出差到陕县,厨师给他做了一盘羊肉,他惊奇又故作正经地问怎么会有肉。厨师答道:"是豺狼咬死了羊。"

娄师德满意地说:"这豺狼真懂人事啊!"

厨师又端上鱼,娄又问他怎么回事,厨师说:"是豺狼咬死了鱼。"

娄师德叱责他说:"你这个没脑子的家伙,为什么不说是水獭咬死了鱼?"

娄御史作为官员,岂敢公开违抗政令,但又想吃鱼吃肉,这样的贪官当然希望编造假话来掩盖真相,自欺欺人。真是上有政策下有对策,才使这厨师与娄御史的对话闹出了笑话。

康有为妙批试卷

1925 年,时任山西都督和省长的阎锡山,为了表示自己政治开明,任人唯贤,于这年举办了全省县长考试,特地恭请康有为任主考官。康氏曾协助光绪皇帝维新变法,败后逃往海外,辛亥革命后归来,鼓吹尊孔复辟,社会影响颇大。

康有为当年在山西主考时出的考题是"廉吏民表",意思是清廉的官吏方可做民众的表率。此语出自宋代清官包拯《祈不用赃吏》的奏折:"廉者,民之表也;贪者,民之贼也。"可是,参加考试的县长们大多胸无点墨,其中有一位偏要不懂装懂,胡乱斯文,竟然写道:"盛矣哉,世界表之多也,有摄氏表,华氏表,如今又有廉吏民表……"康有为阅完此卷后,啼笑皆非,本想一撕了之,又想到不出心中这口恶气,实在太便宜了这个不学无术之徒,便提笔在卷后批道:

> 题为廉吏民表,尔却扯及摄氏表、华氏表;今若题为"阎锡山论",尔必曰:"盛矣哉,山西山之多也,有五台山,有中条山,而今又有阎锡山也。"以尔之文观之,学不优,无以仕,百里侯无望矣!

所谓"百里侯",指代县长官职,古代县令管辖地盘大约方圆百里,故借曰县长是"百里侯"。康大人以其人之误反讥其人之谬,谬误比照,妙趣横生,在笑骂讽刺之余亦尽显幽默。如今说起这个故事来,实乃一大笑话。

"薄了烧饼,瘦了油条"

抗战期间,国民党政府在重庆,人满为患,物价飞涨,产品偷工减料,弄虚作假,连烧饼、油条也不断涨价。《新民报》编辑程大千将一条物价暴涨的新闻,框一花边,仿宋词名句"流光容易把人抛,红了樱桃,绿了芭蕉",拟出了一条标题:

物价容易把人抛,薄了烧饼,瘦了油条

见报后,读者无不叫绝,都说它幽然俏皮,讽刺意味入木三分。

"……不亦乐乎"

抗战胜利后,蒋介石又紧锣密鼓地发动内战,进攻解放区。蒋管区有一家报纸,为反映全国对老蒋坚持打内战不满的民意,刊发了一篇文章,标题是:

战而时习之,不亦乐乎?

很明显,这个标题是套用《论语》开头的一句话:"学而时习之,不亦乐乎。"文章发表后,这家报纸在一周内,竟然被迫停刊两次。另一家报纸对此愤愤不平,特意发表文章声援同行,也加了同样形式的大标题:

报而时停之,不亦乐乎

对于这样幽默的标题,广大民众读了后,不亦乐乎!

"公教人员不是东西……"

1947 年,蒋介石发动内战正处于激烈阶段,民不聊生。法币贬值,物价猛涨,买东西都要用布袋装钞票。工薪阶层盼加工资,望眼欲穿,苦不堪言。武汉《大刚报》曾在头版头条刊出大字标题:

> 公教人员不是东西　　　　（主标）
> 是东西也应当涨价　　　　（副标）

这种异乎寻常的大标题,以诙谐幽默的口气,为广大公教人员的生存发出了一声呐喊。

"天晓得"老字号

昔日上海,有一家"正兴"菜馆,生意兴隆。一时市面上出现多家"正兴",鱼目混珠,争抢生意。老板无奈,只好在招牌上加个"老"字,各家也都改为"老正兴"。于是"老老正兴""真正老老老正兴"相继出现。反正你改他也改,还是真假难辨。老板思前想后,苦笑真假"正兴"只有天知道,一气之下,索性改招牌为"天晓得"老字号。愤言真的成了招牌,这是昔日上海的一则真实故事。

无独有偶,昔日浙江杭州的"王麻子"刀剪店,也有同样的遭遇。清朝末年有一李静山者,为该店写了一首广告诗,题为《王麻

子》,诗曰:

> 刀店传名本姓王,两边更有万同汪。
>
> 诸公拭目分明认,头上三横莫看慌。

这是历史上很有名的一首广告诗,趣味横生。所谓"头上三横莫看慌",意思是三横打头的王字切不可看错,重点提醒顾客认准王记的商标牌号,要看清三横一竖的"王",不要把两邻姓"万"姓"汪"的误看成了姓王的。王、万、汪谐音,诗趣浓郁,幽默含蓄,不失讽刺力量,使读者过目不忘。

第三节　笑话中戏言的幽默

幽默让生活更美丽。有识者说,幽默是智慧的象征,幽默是一种艺术。戏言往往是幽默的一种具体表现。此话有理。笑话的幽默性,是少不了戏言为笑料的。

幽默,原本不叫幽默,但这种意味在古今人们的生活中是客观存在的,自从林语堂先生首译了"幽默"这个词,并彰显其理念,也就推而广之矣。林先生还与同人从创办期刊《论语》起,积极提倡幽默文学,主张文风清淡、隽永、甘美,要求作品具有性灵、闲适的特点,逐渐形成一种散文流派。林先生就一向以童心未泯自况,谈吐诙谐。他心境幽默,言语不失游戏的味道。他曾专门写过一篇题为《幽默》的评论文章,认为:

没有幽默的国民，其文化必日趋虚伪，生活必日趋欺诈，思想必日趋迂腐，文学必日趋干枯，而人的心灵必日趋顽固。

鲁迅曾说"轰的一声，天下无不幽默"，这情景，林语堂功不可没。

戏言是个幽默笑料

幽默中总是充满着情趣、机智和才能，因为有的时候，对一些人和事不好处置，甚至出现尴尬，但智者能机敏地以幽默化解。在这个过程中，戏言的逗笑功能是少不了的。

戏言的奥妙，在于打破形式与内容的和谐一致，正话反说，反话正说；粗话细说，细话粗说；大话小说，小话大说；文话武说，武话文说；私房话公开说，不可说的偏要说；日常生活内容用官方语言说，政治内容用经济术语说；正经话借用游戏形式表达；领袖的话用方言说，外国话用汉语音调说；偷换了概念来说，调换词序来说，等等，总之在形式与内容之间制造巨大的反差，才能出"彩"，产生奇妙的效果。相声的创作与演出深谙此中三昧，从这个意义上说，相声就是一种戏言。

可以说，笑话中的幽默戏言是多元的，大体有比喻、调侃、自嘲、对抗等多种形式：

（1）比喻式幽默戏言。

它能让人们体会到抽象的概念具象化，深奥的理念通俗化，浅显的问题深刻化,学识渊博的戏言,可将事物上升到很高的思想境界,把思绪带往更广阔的空间。台湾省诗人余光中先生遍游天下,见多识广。他写诗上千首,尤以《乡愁》令读者动容,更让大陆同胞难以忘怀。余先生曾风趣地说:

> 大陆是我的母亲,台湾是我的妻子;
> 香港是我的情人,欧洲是我的外遇。
> 只有母亲,无法改变。

余先生这一番比喻,显然是一种纯朴的戏言,但很严肃,它深含诗人的真情实感。细细品味,颇有深切的道理,大陆是中国的主体,他把大陆比作自己的母亲,表露了他赤诚的一颗中国心。谁都爱自己的母亲!

(2)调侃式幽默戏言。

它可使平凡的事情变得富有情趣,为呆板的生活掀起多彩的浪花。1945 年,著名漫画家廖冰兄在重庆举办《猫国春秋》漫画展,当时在重庆的许多文化名人,如郭沫若、宋云彬、王琦等都应邀出席剪彩仪式。席间,郭沫若问廖冰兄:"你的名字为什么这么怪,自称为兄?"版画家王琦抢过话头代为解释说:"他妹妹名冰,所以他名叫冰兄。"郭沫若听了后,哈哈大笑,幽默风趣地说:"噢,我明白了,郁达夫的妻子一定叫郁达,邵力子的父亲一定叫邵力。"这番调侃是故意谬误推理,引得满堂宾客捧腹大笑。

(3)讽喻式幽默戏言。

对一些不合情理的人和事无可奈何时,以戏言的幽默对待,不失为一种批评或反对的手段。在一家早点店里,有一位老年顾客对着店老板摇头直叹道:"真怪呀,人老了嘴巴却变大了。"店老板表示怀疑:"这不可能吧?"老人笑着说:"怎么不可能呢?两年前,我在你家店吃肉包子,一个包子要吃三口,可现在一口一个。"说罢,老人又把一个包子轻松地送进了嘴里。店老板见此情景,再回味老人的戏言,只好低着头笑了。

(4)自嘲式幽默戏言。

它让人感到谦逊和豁达,例如孔子就曾自嘲是"丧家狗",真够他幽默的了。有位棋迷,棋艺平平,往往屡战屡败,但永不言输。一次对弈之后,有人问他结果,答曰:"第一盘我没赢,第二盘他没输,第三盘我没让他,杀得异常激烈,人家说和了算了,他还不肯。"这是一种死要面子的自嘲,也是自信的调侃,幽默得可爱。

(5)对抗式幽默戏言。

它能体现机智与敏捷、精神与意志。在工作与生活中,难免会遇到不便说或不能干的难题,情急之下为了解脱尴尬,幽默的戏言往往可以化解那难堪的局面。其实,这是一种对抗的"软着陆"形式。

多年前,一位美国朋友采访王蒙时,问他20世纪50年代的王蒙和70年代的王蒙相比,有哪些地方相同,哪些地方不同。王蒙回答道:

> 50 年代我叫王蒙,70 年代我还叫王蒙,这是相同的地方;50 年代我二十多岁,70 年代我四十多岁了,这是不同的地方。

王蒙一说完,宾主都哈哈大笑。笑从何来? 因为他以幽默的戏言演绎了这场笑话:他回答的话是绝对真理,天衣无缝,无懈可击。然就问者的本意,是所答非所问,回避了难以回答的难题,王蒙大智若愚也。

梁思成自谑"无齿之徒"

著名建筑学家梁思成先生,既风采一时又坎坷半生,平时说话或做学术报告,却不失幽默,总喜戏言连连地开玩笑。一次,他就古建筑的维修问题做学术报告。演讲的开场白这样说:"我是个'无齿之徒'。"讲堂为之愕然,以为他说自己是"无耻之徒"。这时,梁思成笑着说:

> 我的牙齿没有了,后来在美国装上这副假牙,因为上了年纪,所以不是纯白色的,略带点黄,已看不出是假牙,这就叫作"整旧如旧"。我们修理古建筑也要这样,不能焕然一新。

此番笑话,竟自然地道出了古建筑维修的技艺真谛。

第四节　古今经典笑话

古代许多笑话书,有的是作者从民间搜集来加工整理而成的,有的则是根据生活素材而创作的,总之笑话来自社会,更来自生活。

题呼的文字游戏

清代石成金撰写的《笑得好》中,载有一则题呼的笑话:

> 有一王婆,家富而矜夸,欲题寿材,厚赠道士,须多着好字,为里觉光。道士思想,并无可称,乃题曰:"翰林院侍讲大学士国子监祭酒隔壁王婆婆之枢。"

题呼就是要一个美好称呼的题字。从前有个王婆婆,家里很富裕,就不免炫耀自夸起来,打算请人在为自己准备好的寿材(棺材)上题字,于是给道士送厚礼,想由他多写些好字眼,为乡里亲朋争光。道士想来想去,总觉得她没有什么好称呼的,只好题了这样的言辞:"翰林院侍讲大学士国子监祭酒隔壁王婆婆之枢。"好家伙,这"翰林院侍讲大学士""国子监祭酒"的头衔可真大!原来王婆婆是这位大人的邻居。这个故事,讥笑了像王婆婆一类"打肿脸充胖子"的愚人的虚荣心。

一封"不再啰唆"的啰唆信

清代小石道人辑《嘻谈初录》里，记载一则笑话：

    一人写信，言重词复，琐琐不休。友人劝之曰："吾兄笔墨却佳，惟有繁言赘语宜去，以后写信，言简而意赅可也。"其人唯唯遵命。后又致信此友曰："前承雅教，感佩良深，从此万不敢再用繁言上渎清听。"另于万字旁注之曰："此万字乃方字无点之万字，是简笔之万字也。本欲恭书草头大写之萬字，因匆匆未及大写草头之萬字，草草不恭，尚祈恕罪！"

这则笑话，是说有个人写文章写信，都是词语重复，啰唆个没完。朋友劝他说："老兄文笔倒很好，只是有些多余的话语应该去掉，以后写信，能言简而意赅就好了。"那人连连点头，表示赞同。后来，又写信给这位朋友，说："先前承您的教诲，使我非常感激和敬佩，此后万不敢再用啰唆的语句使你听了厌烦。"话是这么说，一见这省笔"万"字却又旧病复发，便在这"万"字旁边加上注解说："这个'万'字是'方'字无点的'万'字，是简写的万字啊。本来想恭恭敬敬地写草字头大写的'萬'字，因为匆匆忙忙，来不及大写草头的'萬'，潦草得很，很不恭敬，还请您恕罪为盼！"

    笑话里这个爱啰唆的人，听了朋友的劝告，明白了啰唆的毛病应该改，可是一看到自己写的"万"字，竟又啰唆了起来，他生怕对方不懂。其实不加解释，朋友也会理解这个"万"字的。无疑，这纯粹是一通废话。旧病难愈呀！

山东王老五被"剥皮"

从前，有个叫王老五的花花公子，平日不用功读书学习，胸无点墨，也去应试科举。在考场上他怎么也作不出八股文章来，只好在试卷上诌了一首打油诗：

> 我是山东王老五，
>
> 十年读书寒窗苦。
>
> 倘若今年考不中，
>
> 回家怎见娃他母。

考官阅卷读了这首歪诗，忍不住笑出声来，便提笔在每句后边添了两字批语：

> 我是山东王老五，也许；
>
> 十年读书寒窗苦，未必；
>
> 倘若今年考不中，一定；
>
> 回家怎见娃他母。跪下！

考官的批语批成了剥皮诗，滑稽有趣，对不事学习者不无批评。所谓"剥皮诗"，就是这样一种颇富游戏意味的诗作，其手法是巧妙"补字"改诗。此名此典出自唐代刘肃所撰《大唐新语·谐谲》一书,有兴趣者可再另行研读"剥皮"之意。

神仙打架

从前有个算命先生叫朱仙,他的妻子并不迷信,头脑清醒,因此看不惯丈夫成天装神弄鬼,总想找机会治一治他。

这年腊月二十八,朱仙要上集去办年货。临出门时,他一再叮嘱妻子说:"等会儿锅里的肉炖熟了,先供奉堂屋里那些神像,然后我们才能吃,你千万别忘了。"

过了一会儿,锅里的肉熟了,妻子并没有按朱仙说的办,她先和孩子把肉吃了个精光,接着又把神像砸了个稀巴烂。

傍晚,朱仙回到家里,见神像都碎了,便生气地问妻子:"神像是谁打碎的?"

"谁敢打碎神像?! 刚才它们见肉供上来了,一齐上来抢肉吃,谁也不相让,在哄抢中互相乱打一阵,结果肉被抢吃光了,神像也都碎了!"妻子不慌不忙地说着。

"胡说,神像都是泥塑的,哪里会互相打架?"朱仙暴跳如雷地说。

妻子说:"神像既然是泥塑的,它们又怎会要吃供奉的肉?"

朱仙目瞪口呆,无言以对。

高帽只剩九十九顶了

某人受命将离京去做地方官,临行前去向老师告别。老师告诫他说"外出做官很不容易,处处都要谨慎小心。"此人回答:"请恩师放心,学生已准备好一百顶高帽子,逢到难说话的人就奉送他一顶,管叫那些地方上的人高兴。"老师听了,正言厉色地说:"为人岂可如此!"

学生感慨地说:"天下厌恶奉承、不爱戴高帽子的人实在太少了,像老师您这样的人能有几个呢?!"老师听了非常高兴地说:"你讲得也有道理。"这个人从老师家告辞出来,对一个朋友说:"我预备的一百顶高帽子,现在只剩下九十九顶了。"

天哪!老师被这人悄悄地套上了一顶高帽子,他还蒙在鼓里呢!

只用酒菜,不用"而已"

从前,有一位官人要去迎候上司,正准备骑马出门,恰有一位老乡登门拜访,官人无暇细谈,只好令内人招待,转身轻声吩咐道:"待以酒菜而已。"自己便匆匆策马走了。

这官人的内人识字不多,不解文音,只听懂"酒菜"二字,却不知"而已"为何物,询问婢仆,她们依方言口语都说"已"即"尾",尚不知"而"是什么东西,猜想有尾巴的东西可能是家里养的那大肥羊,"而"可能是"鹅"吧,于是宰羊杀鹅盛设酒宴招待了登门的乡人。

官人归来,叹息这般无端的浪费,惆怅不已。因此,凡以后出门时,便嘱咐内眷曰:"如有客至,只用'酒菜',切不可再用'而已'。"

我们知道,"而已"也是古汉语文言虚词,相当于现代汉语"罢了"。然而,官人用语不择对象,由于他夫人缺乏文言知识,加上操的又是方言,故将"已"谐音成方言"尾",将"而"谐音成"鹅"。因此闹成了事与愿违的大笑话。

后　记

　　汉语与汉字,是中华民族共同的语言文字,是抚育我们的传统文化之树,它盘根错节,枝叶蔓生,苍劲古老。如何使它抽出新芽,绽开新花,结出新果,这是时代赋予我们文化人的历史使命。笔者凭着区区微忱和绵薄之力,在这棵千年古树下,追根探源,寻珍觅宝,写成这部小书。应该说,为增进认知,只能是在树下浇浇水、理理叶,至于施肥疏根,乃至嫁接授粉,尚有待高明。不过事实证明,那里是一个文化宝藏,没有让我们空手而归。

　　著名短篇小说家汪曾祺,是诺贝尔文学奖获得者莫言先生的老师。据莫言介绍,他第一次听汪先生授课,汪上来就在黑板上写出"卑之无甚高论"6个大字。这不仅仅是汪先生谦虚之词,其实还有深一层的意思:讲实际问题,不发空论。笔者深受这6个字的启迪,便借来作为说话和作文的座右铭。撰写这部书就本着这样一种思路:实事求是。拙作的初衷,是要向读者宣介传统的中华字文化,给外国朋友讲中国故事,达到普及推广中华字文化的目的。既然是写传统文化,势必涉及历史与现代,其中遇到一个棘手的问题就是如何看待历史人物和历史事件。无疑,是要用辩证的方法、唯物的观点看待历史,不回避客观存在,在传承上把握主旋律。"传"应该是全面的,不能割断历史,即使是丑恶的东西也不妨让后代知晓，因为它是反面教材；"承"则是有选择的，就是要弘扬先进文化，特别是要学习那些为国家富强、民族兴旺而上下求索、百折不挠的英雄伟人的精神。

本书的写作角度是"品鉴"。具体而言，就是笔者与读者共同在品评、鉴赏人文故事中增进对字文化的认知。笔者在过去几十年里，写过一些散文和科普作品，为了通俗有趣，曾力求以文学笔墨去写科普。如今写这部书，是在语言文字的天地里操练，谈何容易？鉴于同样的愿望，也想让文字有可读性，力避生涩的定义，于是习惯性地以老手法写了，寻求形象生动，为的是尽可能地让读者多一些趣味。笔者尽管从不同的角度和层面，讲了一些有代表性的历史事件和人文故事，以表达对祖国字文化的认知，但肯定还是不及万一，不过沧海之一粟。但愿读者能由此及彼，顺此深入。正因为有此期盼，面对着神圣的字文化传统，笔者始终存在敬畏之心，几易其稿，唯恐因挂一漏万而难以如愿。书稿即将付梓，如释重负，但又感到些许紧张而忐忑不安。究竟怎么样？读者是客观公正的，笔者听凭他们评判。按西方传说，天鹅在生命终结的时刻，总会发出动听的哀鸣，人们遂将文人的最后作品喻为"天鹅之歌"。巧合的是，本书是笔者在耄耋之年于合肥天鹅湖畔完成的，那也就算作是"天鹅之歌"吧！

本书编写中，曾拜读了有关学者的大作，参阅了许多经典作品与文献，或吸收其观点，或引用其资料，特此敬谢。由于有的线索不明确，未能一一注明，在此一并表示谢忱与歉意。这部书的出版，首先要感谢安徽文艺出版社的领导与编辑同志们，感谢他们的热诚支持与具体帮助,使这部书不致"披头散发"地与读者见面,而是有模有样地出来了,这是出版社大力敦促修饰装扮的功劳。

最后,还不能不感谢我的老伴吴隆珣老师,她在中学从教一生,深刻理解"写点东西留人间"的古训道理,因此出了不少好主意。她更是多揽家务,多方照料,让老夫有可能挤出时间为此书坚持笔耕不辍。

九十有一老人述庆

2024 年 1 月于合肥天鹅湖畔